W0184477

歩

# DO – DER WEG

[ Die Weisheit Asiens ]

Iris & Jochen Grün

# DO
## der Weg

[ Die Weisheit Asiens ]

atmosphären

Dank an Susanne Göße und Martin Gruber,
die mit ihrem umfangreichen Hintergrundwissen
und inspirierenden Erfahrungen dieses Buch
mit geprägt haben.

© Atmosphären Verlag, München 2005
Der Atmosphären Verlag und der AT Verlag
sind Unternehmen der AZ Medien Gruppe
Alle Rechte vorbehalten

Umschlaggestaltung, Layout und Satz:
Greenstuff, München
Druck und Bindearbeiten:
Westermann Druck, Zwickau
Printed in Germany

ISBN 3-86533-025-8

www.atmosphaeren-verlag.de
www.at-verlag.ch
www.greenstuff.de

»Sie können mit

gutem Gewissen

das Buch irgendwo

aufschlagen, da es

keinen Anfang und

kein Ende gibt.«

# Inhalt

# Nichts oben, nichts unten, nichts hoch, nichts niedrig

Die berühmten Sätze über das Dao handeln vom Nicht-Handeln, vom Abwarten, von der Gelassenheit, von der Zeit und von der Unendlichkeit. Es lohnt sich, mit ihnen auf eine

Reise durch die eigenen Gedanken, Urteile, Glaubenssätze und Wissensbestände zu gehen. Die praktische Seite des Do oder Dao soll uns hier inspirieren, im Alltag einmal genauer zu schauen und vielleicht den eigenen Alltag zur Kunst, zum Do, zu erheben. Das ist schon einen Schritt weiter. Der Weg nämlich ist angeblich ganz einfach, unser Alltag im Allgemeinen nicht – was läuft da schief?

Die Lehre vom Do oder Dao war in den asiatischen Gesellschaften immer die dritte Lehre neben Buddhismus und Konfuzianismus. Damit war sie immer eine Alternative zum hohen gesellschaftlichen Druck, der vor allem durch die Hierarchien und den Zwang zum Gehorsam entsteht. Und ein befreiendes Aufatmen im anstrengenden Alltag, den das Zusammenleben auf engstem Raum und das hohe Lebenstempo den Menschen abverlangt.

Man muss nicht gleich ein Weiser werden, um sich ein paar Hilfen aus diesem jahrtausendealten Wissen zu holen. Und auch kein schlechtes Gewissen haben, dieses »hohe« Wissen in die Niederungen des Alltags herabzuziehen. Denn genau darum geht es: Nur nichts Besonderes machen, nur nichts zu etwas Besonderem machen. Einfach werden, direkt wahrnehmen, unverstellt sein: Nichts oben, nichts unten, nichts hoch, nichts niedrig.

Es braucht also keine besonderen Vorkehrungen, keine asketischen Übungen. Fangen wir hier bei uns und jetzt an. Da, wo wir sind, mit dem, was wir haben. Alles, was wir brauchen für den Weg, haben wir bei uns: Es erfordert einfach ein wenig Nachdenken und die Bereitschaft, wohlbekannte Dinge einmal aus einem anderen Blickwinkel zu betrachten. Dann stellt sich heraus, dass das Wohlbekannte und Ewigvertraute auf einmal ganz neu und interessant werden kann. Einzigartig, so wie alles in der Welt. Wie du und ich.

## Der tibetische Meister Sogyal Rinpoche beschreibt seinen Weg:

*1) Ich gehe die Straße entlang. Da ist ein tiefes Loch im Gehsteig. Ich falle hinein. Ich bin verloren... Ich bin ohne Hoffnung. Es ist nicht meine Schuld. Es dauert endlos, wieder herauszukommen. 2) Ich gehe dieselbe Straße entlang. Da ist ein tiefes Loch im Gehsteig. Ich tue so, als sähe ich es nicht. Ich falle wieder hinein. Ich kann nicht glauben, schon wieder am gleichen Ort zu sein. Aber es ist nicht meine Schuld. Immer noch dauert es sehr lange herauszukommen. 3) Ich gehe dieselbe Straße entlang. Da ist ein tiefes Loch im Gehsteig. Ich sehe es. Ich falle immer noch hinein ... aus Gewohnheit. Meine Augen sind offen. Ich weiß, wo ich bin. Es ist meine eigene Schuld. Ich komme sofort heraus. 4) Ich gehe dieselbe Straße entlang. Da ist ein tiefes Loch im Gehsteig. Ich gehe darum herum. 5) Ich gehe eine andere Straße.*

的

[ ZIEL ]

[ ZIEL ]

# 的

Nur wer sein
Ziel kennt,
findet den Weg.

L
a
o
z
i

Im Bogenschießen finden
wir ein Gleichnis für den
Weg des Edlen Menschen.
Wenn der Bogenschütze
sein Ziel verfehlt, dann
dreht er sich um und
sucht den Grund für sein
Versagen in sich selbst.

Konfuzius

Wer das Ziel kennt,
kann entscheiden.
Wer entscheidet, findet Ruhe.
Wer Ruhe findet, ist sicher.
Wer sicher ist, kann überlegen.
Wer überlegt, kann verbessern.

Chinesische Weisheit

[ WEISER ]

圣

Der Weise sucht,
was in ihm selber
ist, der Tor,
was außerhalb.

K
o
n
f
u
z
i
u
s

Gönne dir einen
Augenblick der Ruhe
und du begreifst,
wie närrisch du
herumgehastet bist.

Lerne zu schweigen
und du merkst,
dass du zuviel
geredet hast.

25

Sei gütig
und du siehst ein,
dass dein Urteil
über andere
allzu hart war.

Chen-chün

Der Edle Mensch lässt
sich mit dem Wind ver-
gleichen – die anderen
mit den Gräsern:
Die Gräser beugen
sich in die Richtung,
in die der Wind bläst.

Konfuzius

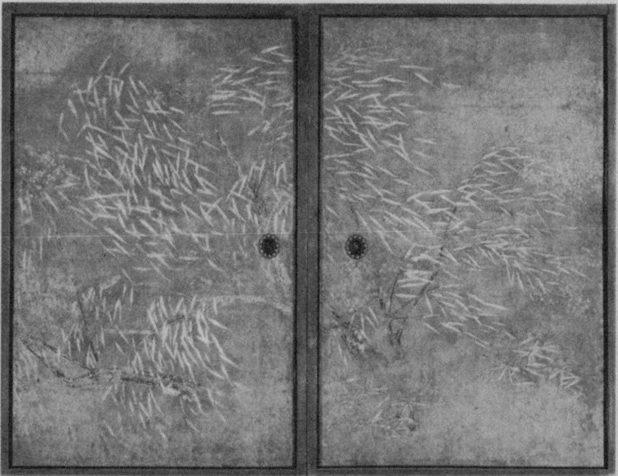

## Gedanken zum Wind am Westhang

Es passieren oft kuriose Dinge, wenn man sich neuen Dingen öffnet. So geschah es in der Vorbereitungszeit für unser Buch. Bei einem der intensiven Gespräche mit einer befreundeten Sinologin erzählte diese mir eine Anekdote, die mich seltsam berührte. Ich empfand dieses bedeutsame Gefühl in meinem Herzen, wenn man glaubt, einen kleinen Schritt auf dem Weg zur Erkenntnis vorangekommen zu sein. Zu der Zeit war noch gar nicht klar, wohin uns der Weg des neuen Buches führen würde. Umso spannender war, was danach geschah...

Vor einem Jahr hatten wir den Auftrag, das I Ging von Richard Wilhelm zu gestalten. Bei der Bearbeitung der Texte hatten wir die Gelegenheit, uns mit den Inhalten bekannt zu machen – das ist einer der Gründe, weshalb ich meinen Beruf so sehr liebe. Bei jedem neuen Projekt gibt es so unendlich viel Neues zu lernen. So machte ich die ersten Erfahrungen mit diesem Orakel und es beschäftigte mich zutiefst. Ein halbes Jahr später erreichte uns die Einladung zu einer Lesung von Hanna Moog und Carol Anthony zu ihrem neuen Buch »I Ging – das Kosmische Orakel«, in dem sie viele Deutungen in die heutige Zeit übersetzt und den Einfluss der »kosmischen Helfer« mit einbezogen haben. Die Autorinnen stellten auf eindrucksvolle Weise ihren vom I Ging geprägten Lebensweg dar. Durch einfaches Befragen des Orakels mit drei Münzen fühlen sie sich jeder Lebenssituation gewachsen.

Am Ende des erfrischenden Vortrags befragte das Publikum unter ihrer Leitung das Orakel. Aus dem I Ging ergab sich der Hinweis, dass das Wetter mit den Menschen im Publikum in Beziehung stehe. Nun ist das noch keine allzu genaue Formulierung, nachdem wir in München ja oft durch Föhn mit besonderem Wetter zu tun haben. Keiner im Publikum konnte sich mit dem Wetter als Prophezeiung für den weiteren Lebensweg anfreunden. Keiner – außer mir.

Mir lief es heiß den Rücken herunter, da mir sehr wohl die Tragweite dieses Begriffes bewusst wurde. Um meine Ahnung zu bestätigen, bat ich kurzerhand die beiden Autorinnen, das Orakel zu fragen, ob es um den »Wind am Westhang« ginge. Das Ergebnis war ein eindeutiges Ja – für mich die Bestätigung, unsere Idee weiterzuverfolgen und den »Weg« dieses Buches weiterzugehen. So habe ich in den nächsten Zeilen meine Gedanken zum Wind am Westhang zu Papier gebracht.

In den feudalen Dynastien Chinas waren die Fünf Heiligen Berge die bekanntesten Orte, an denen die Kaiser dem Himmel opferten. Der größte und wichtigste ist der Berg Tai im mittleren Teil der Halbinsel Shandong. Der Taishan, der »erste Berg unter dem Himmel«, soll mit den Mächten des Himmels in Verbindung stehen und ist im daoistischen Glauben der Platz, an dem die Seelen der Unsterblichen wohnen.

An seinem Fuß wurde um 368–534 v. Chr. der Taishan-Tempel errichtet. Bis zum Gipfel des Taishan erheben sich an seinen Hängen zahlreiche weitere daoistische Tempel, zu denen seit Jahrhunderten unzählige Gläubige pilgern, um zu meditieren.

Durch Wind und Wolken, Regen und Donner offenbart sich die höchste Vollkommenheit von Himmel und Erde, die absolute Harmonie. Eine Ahnung davon kann man beim Betrachten der Wolken am Westhang erlangen.

Viele Wege führen zum Gipfel eines Berges, doch die Aussicht bleibt die gleiche.

*Wenn dunkle Wolken am Horizont auftauchen, werden die Anwohner dieser Region prophezeien: »Es wird wohl regnen.« Und es wird nicht regnen. Oder kleine Schäfchenwolken kommen auf und sie sagen voraus: »Es wird ein schöner Tag.« Doch es regnet.*

*Die Form von Wolken ist unendlich, keine gleicht der anderen. Und genauso wie in ihrer Farbe und Anzahl, in ihrer Natur und den Umständen ihres Erscheinens gibt es keine zwei gleichen. Manchmal kommen die Wolken zurück, manchmal verschwinden sie und kehren nie wieder – es ist niemals das Gleiche. Das ist das Muster von Himmel und Erde, von göttlicher Vollkommenheit. Lasst uns einmal annehmen, das Muster von Himmel und Erde würde bestimmten Regeln folgen. Sobald also der Berg Tai seine Wolken hinausschickt, müsste er erst einmal die Gattungen der Wolken mustern und ihnen dann ihre Befehle erteilen: »Nun, ihr Wolken, ich schicke euch jetzt aus, das Muster von Him-*

*mel und Erde zu bilden. Du, geh zuerst; du da, folge; du, steige auf; du, ja, du da, verschwinde. Du, Wolke, leuchte; du, kräusle dich wie Wellen; du, geh zurück; du, verteil dich über den Himmel; du, öffne dich weit; und du, schließe schnell deine Tore. Und du da hinten, du wackelst mit deinem Hinterteil.« Würde der Berg Tai sie so hinausschicken und so zurückholen, dann wäre in keiner von ihnen auch nur die geringste Lebendigkeit. Und das soll dann die Gestaltung des Musters von Himmel und Erde sein!? Das Ergebnis bei einer solchen Lage der Dinge wäre, dass Himmel und Erde die Anwesenheit des Berges Tai als Last empfinden würden; und der Berg Tai wiederum würde emp-*

*finden, dass es eine Last ist, Wolken zu haben. Und diese Wolken müssten immer noch an jedem einzelnen Tag immer und immer wieder hinausgeschickt werden!*

Nicht auszudenken: dieser Zustand von Stillstand, die Ausweglosigkeit der Wiederkehr ohne Veränderung!

Doch kehren wir zurück zur ursprünglichen Idee von der göttlichen Harmonie durch Wolken, Wind, Regen und Donner. Jede Situation im Leben ist wie das Wetter am Westhang: Immer neu, immer anders und immer einzigartig. Keine Wolkenformation ist wie die andere; und falls wir meinen, Bekanntes zu sehen, kommt ein leiser Hauch von Wind den Westhang herunter und wirbelt die Wolken durcheinander, sodass ihre Vollkommenheit gleichzeitig ihr Wandel ist.

Der blaue Berg ist unbewegt,
weiße Wolke kommt und geht.

In diesem Zen-Spruch werden die Gegensätze blau–weiß; unbewegt–bewegt und auch anfassbar–nicht anfassbar aufgegriffen. »Kommt und geht« hat eine tiefe Bedeutung, eine der fundamentalsten Fragen, die uns alle betreffen ist, woher wir kommen und wohin wir gehen. »Weiße Wolke kommt und geht« deutet also auf unser wahres

Sein – sie kommt von irgendwoher und geht irgendwohin und doch schwebt sie immerzu über dem blauen Berg, der Himmel oder Hölle sein könnte. Nicht jede einzelne Situation können wir planen und vorherbestimmen. Wir können uns allerdings der Harmonie annähern, wenn wir beginnen, den Dingen ihren Lauf zu lassen und jede Situation so zu nehmen, wie sie ist. Die ungleiche Verteilung der Wolken am Himmel bedeutet Spannung und nicht Dissonanz. Aus dieser Spannung heraus entsteht stets eine neue Situation, die wir meistern dürfen. Das hält uns lebendig!

Bleiben Sie aufmerksam und wachen Auges: Aufziehende Gewitterwolken heißen noch lange nicht, dass es bald regnen wird. Ruhen Sie sich bei Sonnenschein nicht aus, sondern halten Sie ein Auge offen, denn das Wetter könnte sich schnell ändern. Und sehen Sie sich als einen Teil der Veränderung – bleiben Sie lebendig!

Fürchte dich nicht vor dem
langsamen Vorwärtsgehen,
fürchte dich nur vor dem
Stehenbleiben.

变

[ W

ANDEL ]

[ Wandel ]

# 变

Wenn der Wind des Wandels weht,
bauen die einen Schutzmauern,
die anderen Windmühlen.

a
u
s

C
h
i
n
a

Laufe nicht der
Vergangenheit nach.
Verliere dich nicht
in der Zukunft.
Die Vergangenheit
ist nicht mehr.
Die Zukunft ist noch
nicht gekommen.

Das Leben, wie es
hier und jetzt ist,
eingehend betrachtend,
weilt der Übende in
Festigkeit und Freiheit.

B
u
d
d
h
a

So wie Yin und Yang den Weg des Himmels bestimmen und Sanftheit und Härte den Weg der Erde, so sollten Liebe und Gerechtigkeit den Weg des Menschen bestimmen.
Hat man einmal erkannt, dass ein Anfang unweigerlich zu einem Ende führt und umgekehrt, dann ist man Herr des Sinnes von Leben und Tod. Von welch ungeheurer Wichtigkeit der Wandel doch ist!

Zhou Dunyi

[ LERNEN ]

学

Wer nach Osten ausschaut,
der sieht die Wand
im Westen nicht.
Wer nach Süden blickt,
der sieht den Norden nicht.

Seine Gedanken verlaufen
allein in einer bestimmten
Richtung.

Lüshi chunqiu

Wenn du einen Riesen siehst,
der mit dir kämpfen will,
dann sei ohne Furcht.
Untersuche zuerst den
Stand der Sonne, dann
siehst du vielleicht, dass
der Riese nur der Schatten
eines Zwerges ist.

Chinesische Weisheit

Wende dich stets
der Sonne zu,
dann fallen die
Schatten hinter dich.

a
u
s

C
h
i
n
a

## Zum Beispiel: Herrenlose Hunde

Unser Tun, unser Sein spiegelt sich in unseren Gedankengängen, die wir durch Erziehung und Sprache erlernt haben. Auch die Einflüsse von Kultur, der geografischen Umgebung und unseres sozialen Umfelds bestimmen unser Leben. Bei unseren Studien der asiatischen Literatur stellten wir öfters fest, dass wir mit unserer europäischen Denkweise nicht recht weiterkamen. Warum? Die Denkmechanismen der beiden Kulturen unterscheiden sich deutlich.

Die westliche Ordnung der Dinge kann als geradlinig bezeichnet werden. Wir denken in einer Art Baukastensystem, wobei die einzelnen kleinen Teile zusammengefügt die nächstgrößere Einheit ergeben. Diese Hierarchie setzt sich dann fort, bis wir ein großes Ganzes erhalten. Die Asiaten hingegen verfolgen eher ein Prinzip von bildlicher Ordnung, bei der jede Einzelheit ihren individuellen gleich gewichteten Platz im gesamten Kontext hat. Sie werden nicht aufeinander aufbauend zusammengefasst, sondern ergeben erst durch die Verteilung, die für uns völlig durcheinander aussehen mag, das Gesamtbild. Doch bevor die Hirne unserer Leser zu dampfen beginnen, schauen wir doch einmal bei Jorge Luis Borges nach, der sich weit ins chinesische Denken vertieft hat. Bei ihm findet sich folgende Gruppierung für Tiere aus einer chinesischen Enzyklopädie: *»a) Tiere, die dem Kaiser gehören, b) einbalsamierte Tiere, c) gezähmte, d) Milchschweine, e) Sirenen, f) Fa-*

*beltiere, g) herrenlose Hunde, h) in diese Gruppierung gehörige, i) die sich wie Tolle gebärden, k) die mit einem ganz feinen Pinsel aus Kamelhaar gezeichnet sind, l) und so weiter, m) die den Wasserkrug zerbrochen haben, n) die von weitem wie Fliegen aussehen«.*

Mit einigem Staunen stellen wir fest, dass uns diese Aufzählung anmutet wie ein exotischer Zauber – er bringt uns sogar an die Grenze unserer Vorstellung von Ordnung, ist aber für die meisten Asiaten durchaus »logisch«.

Eine mit einem Deutschen verheiratete Japanerin erläuterte ihre Beziehungsprobleme so: »Sobald wir über was auch immer diskutieren, wirft er mir unlogisches, abschweifendes Denken vor. Mit mir könne man gar nicht diskutieren. Dabei ist das ganz einfach: Wenn er einen Baum zeichnet, beginnt er mit den Wurzeln, dann kommt der Stamm und zum Schluss die vielen großen Zweige und kleinen Äste. Ich beginne vielleicht mit einem kleinen Ast, komme zu einem großen Zweig, der in einen Hauptzweig mündet, davon gehen wieder viele Zweige ab. Stamm und Wurzel muss ich gar nicht zeichnen, das kann man sich doch denken.

Solange du dem anderen sein Anderssein nicht verzeihen kannst, bist du noch weit ab vom Wege.

走

# GEHEN ]

# [ GEHEN ]

走

Hast du es eilig,
so mache
einen Umweg.

a
u
s

J
a
p
a
n

Der Narr tut, was er
nicht lassen kann –
der Weise lässt,
was er nicht tun kann.

Chinesische Weisheit

Im Augenblick, da
ich die leise innere
Stimme unterdrücke,
werde ich aufhören,
nützlich zu sein.

Mahatma Gandhi

Der Pessimist
sieht in jeder
Chance eine
Bedrohung.
Der Optimist
in jeder
Bedrohung
eine Chance.

Ostasiatische Weisheit

[ Weg ]

道

Der Meister handelt,
ohne zu tun,
und lehrt, ohne zu reden.
Dinge erscheinen
und er lässt sie kommen.
Dinge verschwinden
und er lässt sie gehen.

Laozi

Wenn man das Wesen
des Menschen mit
dem Wasser vergliche,
wäre das Herz
ein Dahinströmen,
die Gefühle Wellen und
die Begierden Wogen.

Hu Hung

水

Das Wasser kann
ohne Fische
auskommen,
aber kein Fisch
ohne Wasser.

Chinesische Weisheit

## Wo bin ich?

*Ein Bauer bestellte Jahr für Jahr sein Feld. Der Boden warf guten Ertrag ab und ernährte seine Familie. Von seinem Feld aus konnte er einen Berg sehen, auf dem ein Kloster stand. Er lebte zufrieden mit Frau und Kindern, aber wie er so von Jahr zu Jahr auf das Kloster schaute, meinte er, es fehle ihm etwas im Leben. Er verließ Frau und Kinder und bat im Kloster um Aufnahme als Mönch. Am Abend versammelten sich alle Mönche und der Bauer bekam als Einweihung vom Klostervorsteher sein geheimes Koan, über das er wie die anderen die nächsten Jahre meditieren sollte: »Wie klingt eine Hand beim Klatschen?«, sagte ihm der Meister ins Ohr. Der Bauer schaute den Meister verblüfft an und gab ihm eine schallende Ohrfeige. Die anderen Mönche sprangen auf, um ihn festzuhalten, aber der Meister lachte nur laut. »Geh zurück zu deiner Familie«, sprach er zu dem Bauern. »Du kannst hier nichts mehr lernen.«*

## Der Weg ist einfach, ich nicht.

Lange hatte ich hin und her überlegt, die Finanzen hoch- und runtergerechnet, geplant und verworfen, endlich war ich da: Japan. Mehrere Monate Zeit, in denen ich mich nur dem Training des Aikido widmen konnte. Ich wollte einen großen Schritt vorwärts kommen auf dem Weg des *Aiki*, trainierte jeden Tag hart und diszipliniert bei meinem Lehrer. Über die ersten Anfänge war ich hinaus, fühlte mich schon sehr erfahren. Eines Tages hörte ich von legendären Unterrichtsstunden bei einem berühmten Stockmeister. Unbedingt wollte ich da mitmachen. Diese Stunden fanden sehr früh morgens statt und so musste ich mich mitten in der Nacht auf den Weg machen zu einem abgelegenen Dojo irgendwo in Tokio. Es dauerte ewig, bis ich den Ort endlich gefunden hatte. Entsprechend gespannt war ich auf das besondere Training, von dem ich mir viel Neues erwartete.

Der Altmeister stand vorne, die Schüler ruhig in einer Reihe hinter ihm. Der Meister begann wortlos, mit jedem Schritt einen Stockschlag auszuführen und dabei einen genau abgezirkelten Kreis zu beschreiben. Alle Schüler – auch ich – immer rundherum hinter ihm her. Nach 100 Schlägen wurde ich unruhig. Nach 200 tat mir alles weh. Nach 300 stieg langsam eine unglaubliche Wut in mir auf. Ich wollte sofort gehen. Was will der von mir? Was will der mir beweisen? Was soll das blöde endlose Stockschlagen? Bei 400 war mein Siedepunkt erreicht, meine geballte Wut richtete sich auf den Meister, auf diese Zumutung, diese Unverschämtheit. Der ganze lange Weg, mein Stolz, dass ich mich so früh aus dem Bett gequält habe, meine Erwartungen, und dann das dämliche Im-Kreis-Herumlaufen hier. 500 Schläge, ich war vor dem Platzen, es war kaum noch auszuhalten, ich konnte einfach nicht mehr. Aber warum, in drei Teufels Namen, warum machten alle anderen da mit? 600 Schläge, zu matt für irgendein Gefühl. 700 Schläge und es dämmerte mir, dass der Meister gar nichts von mir will. Ich bin gekommen, ich wollte etwas von ihm, ich war es, der neue, ausgefallene Techniken lernen wollte, er hatte mich nicht gebeten, ich durfte dabei sein, das war alles, er hatte mir nichts versprochen. Meine Projektionen lösten sich in nichts auf. 800 – und ich war mein größtes Problem. Einfach weitermachen. Ich kann ja jederzeit gehen, niemand hält mich auf. 1000 – so frei, alles weg, ich hatte kein Problem mehr. 1200 – ich vergaß mich ganz und war ganz bei mir. 1500 – ich darf mit allen hier etwas teilen, ich fühle mich vom Meister getragen und gestützt, ich darf mit ihm etwas teilen, einfach und nah. 1700 – unbedingte Liebe, an gar nichts gebunden. 2000 – und ich merke kaum, dass es vorbei ist. Der Tag ist schon voll und liegt trotzdem noch in ganzer Fülle vor mir.

Und jetzt – was für ein Frühstück!

*Der Geist eines Menschen liebt die Reinheit, aber der Verstand verunreinigt ihn. Der Verstand des Menschen liebt die Stille, aber seine Wünsche reißen ihn fort. Könnte er nur immer seine Wünsche abtun, sein Verstand würde von selbst still werden. Würde sein Verstand klar werden, so würde sein Geist von selbst zur Reinheit zurückkehren.*

意

[ SINN ]

[ LACHEN ]

笑

89

Wer lächelt,
statt zu toben,
ist immer
der Stärkere.

a
u
s

J
a
p
a
n

90

得

Nicht wissen ist
nicht schlimm;
schlimm ist nur,
nicht wissen wollen.

aus China

Lerne – und es werden
dir Zweifel kommen;
zweifle – und es werden
dir Probleme kommen;
stelle dich den Problemen –
und es werden dir darüber
Gedanken kommen;
mache dir Gedanken –
und du wirst Erkenntnis
erlangen.

Kaibara Ekiken

92

Wer sich darauf versteht, das Leben zu genießen, muss keine Reichtümer anhäufen.

aus China

[ VERBINDEN ]

结

Nach und nach werden
die Dinge zur Ruhe
kommen und ganz natür-
lich ihren Platz finden.
Genauso, als wenn man
ein Hand voll Reis auf
eine glatte Oberfläche
fallen lässt.
Jedes Korn kommt
von selbst zur Ruhe.

Sogyal Rinpoche

神

Die Kraft
des Geistes
ist grenzenlos,
die Kraft
der Muskeln
ist begrenzt.

Tohei Koichi

Geduld ist
die Kunst,
nur langsam
wütend
zu werden.

Japanische Weisheit

## Bauch oder Brust – zwei Kraniche

Während eines Seminars für »Zentherapy« von William S. Leigh, genannt »Dub«, sagte ein Teilnehmer in bissigem Ton: »Und ich will jetzt endlich wissen, wie man richtig atmet.«

Er wollte eine »autorisierte«, endgültige Lösung zur strittigen Frage »Bauch oder Brust« erzwingen. Alles schaute auf den Referenten. Dub bat den Fragenden, sich auf eine Bank zu legen, und rief die Anwesenden zur »Demo«. Er legte ihm die Hand auf Nase und Mund und drückte, bis dieser sich vor Atemnot wand. Dann zog er plötzlich seine Hand weg und fragte: »Where did he start breathing?« Jeder im Raum hatte sehen können, dass er einfach mit allem, was ihm zur Verfügung stand, die Luft in sich hineingezogen hatte. Ohne weiteren Kommentar drehte sich Dub zu Audrey um: »What's next, Audrey?«, und setzte seinen Unterricht fort – keine Spur von Befriedigung, kein Triumph.

Das Uneitle hat mich beeindruckt, keine Angeberei, kein unnötiges Gerede, keine Zeitverschwendung. Klar strukturiert, effektiv, streng. Die Regeln waren für alle klar gesetzt und es gab für niemanden eine Gelegenheit, sie hier oder dort ein wenig aufzuweichen. Diese klare Form gab zusammen mit der herzlichen Grundatmosphäre jedem die Sicherheit, schmerzhafte Prozesse ertragen zu können.

Suche deine eigene Weisheit
in dir selbst.

Für mich war diese Demo so klar wie eine Ohrfeige. Patsch! und die Selbsterkenntnis schlug ein wie ein Blitz. Mir blieb keine Zeit, mich dem jungen Mann in irgendeiner Weise überlegen zu fühlen. Ganz im Gegenteil. In mir stieg im gleichen Augenblick unangenehm die Erinnerung hoch an ein Streitgespräch auf dem morgendlichen Weg zum Übungsraum. Dabei ging es ebenfalls um einen Klassiker: das »richtige« Gehen. Der andere hatte schon einmal einen Kurs bei Dub belegt und verteidigte vehement die Ansicht, richtiges Gehen schwinge aus dem Becken. Ich hatte bei Watanabe gelernt, man müsse mit der Ferse aufsetzen und dann den Fuß abrollen. Jeder von uns beharrte auf seiner Position. Der andere machte mir den schwingenden Beckengang vor und sagte

»So läuft man!«. Es sah allzu lächerlich aus. »Kein Mensch läuft so!« konterte ich und demonstrierte den korrekten Fersengang: »So läuft man!«. Wir gingen auseinander in der tiefen Überzeugung, der andere habe überhaupt nichts begriffen.

Bei der Demo fielen mir wir beide wieder ein, zwei eingebildete Kraniche auf der Straße, einer so lächerlich wie der andere. Peinlich, wie wir uns beide auf unsere Lehrer berufen hatten. Nichts davon hatten wir durch eigene Erfahrung erlebt oder gelernt. Wir haben uns einfach der Ergebnisse anderer bedient. Zwei Erwachsene, die wie Kinder stritten, welcher Vater das bessere Auto fährt. Ich hatte dabei nur von außen her geurteilt, rein ästhetisch. Inzwischen weiß ich sogar, dass ich meinen Meister damals falsch verstanden habe.

Willst du Menschen führen,
so gehe hinter ihnen her.

学

ERNEN ]

[ Lernen ]

# 学

Wir leben nicht um zu glauben, sondern um zu lernen.

D
a
l
a
i

L
a
m
a

Lernen, ohne zu denken,
ist umsonst.
Denken, ohne zu lernen,
ist gefährlich.
Einen Fehler machen und
ihn nicht zu korrigieren:
Erst das heißt einen
Fehler machen.

aus dem Shaolin-Kloster

Der Edle Mensch findet
Freude in sich selbst,
während der gemeine
sich nur freut,
wenn er von anderen
anerkannt wird.

Konfuzius

# [ Verstehen ]

懂

Der Meister
betrachtet
die Teile mit
Mitgefühl,
denn er
versteht
das Ganze.

L
a
o
z
i

Bücher sprechen
zum Verstand,
Freunde zum Herzen,
der Himmel zur Seele
und alles andere
zu den Ohren.

Chinesische Weisheit

Der Mensch hat drei Wege,
klug zu handeln.

Erstens durch Nachdenken:
Das ist der edelste.

Zweitens durch Nachahmen:
Das ist der leichteste.

Drittens durch Erfahrung:
Das ist der bitterste.

Konfuzius

Wenn die Steine
schwimmen,
versinken
die Blätter.

Japanische Weisheit

Ende des Weges nicht in Sicht

## Bewegung ist Leben

*In der Kamakurazeit verehrte man den Meister Masamune, einen berühmten Künstler der Schwertherstellung. Auch sein Schüler Muramasa fertigte Schwerter von unvergleichlicher Schärfe. Man erkannte sie, wenn man sie in einen Wasserlauf hielt: Die Schneide war so beschaffen, dass sie die ins Wasser gefallenen Blätter zerschnitt, sobald sie anstießen. Und dennoch konnte er seinen Meister Masamune nicht erreichen. Dessen Klingen waren nämlich so geschmiedet, dass sich die Blätter auf diesem Wasser nicht an der Klinge verletzten, obwohl sie fein geschliffen war – sie drehten sich, wenn sie sich ihr näherten, von ihr weg.*

O-Sensei Uyeshiba hatte in seiner Jugend alle Kampfkünste kennen gelernt und studiert. Vor allem hatte es ihn interessiert, eine Technik zu entwickeln, ohne Anwendung von Gewalt sicheren Schutz zu erlangen. Aus dieser Haltung heraus entwickelte er Aikido, die Kunst, sich so zu verteidigen, dass der Angreifer – unverletzt und freiwillig – seine Attacke aufgibt. Die Botschaft des O-Sensei lautet: »Wenn man euch angreift, schließt den Gegner in euer Herz.«

Die weichen runden Bewegungen im Aikido sind ein Tanz, ein Fluss von Gefühlen, der in das Meer der Liebe mündet. Die Übungen sind der sichtbare Ausdruck von *kokoro*, dieses »Ins-Herz-Schließen«, dessen Quelle die Liebe ist. Aikido ist keine Religion, hat aber einen gemeinsamen Punkt mit den Lehren Christi: die Liebe. Die ganze Welt beruht auf Liebe – ohne sie könnte diese eines Tages zerfallen. Allein durch sie wächst und entwickelt sich die Welt. Liebe und Frieden sind untrennbar miteinander verbunden. Aiki-*Do* ist der »Weg des Friedens«. Auch in der Gewaltlosigkeit des Buddhismus spiegelt sich diese Grundhaltung wider. Ziel dieses Weges ist das Leben miteinander in Harmonie und Freundschaft.

Die Alten in Japan sind mir bis heute im Gedächtnis. Die alten Meister, die ich bei meinen ersten Besuchen in Dojos sah, zeigten mir mehr Do, als ich mir damals eingestehen konnte. Und es gab verblüffend viele von ihnen. Beim Aikido warfen sie leicht und präzise Männer, die doppelt so groß und nicht einmal halb so alt waren wie sie, immer wieder mit unglaublicher Ausdauer auf die Matten. Der Tänzer Kazuo Ohno, zu dieser Zeit um die 80, tanzte in seinem Dojo mit unangestrengter Tiefe länger und intensiver als wir, seine Schüler, und verwies uns damit auf unseren noch sehr langen Weg. Wir Jungen waren es, die neben den alten Meistern unbeholfen und alt wirkten.

Die Meister wirkten, als wären sie durch das tägliche Üben der strengen Formen ihrer Künste letztlich auf den Weg zu sich selbst gelangt. Ihr Weg war in erster Linie ein Erlernen der Hingabe an die konkrete Aufgabe. Sich wirklich an etwas hingeben heißt Abschied nehmen lernen, z.B. von der Wichtigkeit des eigenen Ich, von der Eitelkeit, andere zu beeindrucken.

Es gibt Menschen, die
Fische fangen, und solche,
die nur das Wasser trüben.

Sich auf einen Do begeben ist eine Form des Werdens. Das heißt, ein ganzes Leben lang dem Konflikt nachzuforschen zwischen »Ich zeige« und »Ich bin«. Das heißt, das konditionierte Ich so in eine Aufgabe hinein verlieren, bis ich bei meinen äußersten Möglichkeiten und damit wieder bei mir selbst ankomme. Dann kann ich mich an andere verschwenden, ohne mich zu verlieren.

Was im Ton übereinstimmt,
schwingt miteinander.
Was wahlverwandt ist im innersten Wesen, das sucht einander.

Die Wahrheit liegt nirgendwo sonst als auf dem Weg des Bemühens selbst. Mit den erreichten Ergebnissen sollte man nie zufrieden sein und sie nicht für gut genug halten – der Weg zur Meisterschaft dauert ein Leben lang. Dabei ist von größter Bedeutung, mit Leib und Seele an das eigene Ziel in genau diesem Augenblick zu glauben. Die Kraft eines erleuchteten Geistes durchdringt alle Dinge, unterscheidet und vergleicht sie von innen und außen, sucht Unterschiede zwischen Gleichem und findet Beziehungen zwischen Verschiedenem, erkennt die Leere im Sein und gewahrt das Gehen im Kommen. Wenn Geist mit Geist in Kontakt tritt, ist das wie ein Gespräch zwischen zwei Personen. Es ist nicht wichtig, ob die Freunde jenseits der Meere leben, denn sind ihre Seelen im Einklang, sind sie sich so nah, wie man sich nur sein kann. Die Zeit wird unterschieden in Vergangenheit und Gegenwart, der Raum in Ost und West – unser Geist ist so nicht einteilbar. Wenn zwei Seelen verschmelzen, ist das weder Vergangenheit noch Gegenwart, weder Osten noch Westen. Unbegrenzte Weiten öffnen sich...

Wenn die Wurzeln tief sind,
braucht man den Wind
nicht zu fürchten.

爱

[ LIEBE ]

[ Wachsen ]

生

Nur aus einem
unbewegt stillen
Herzen kann
etwas Vollkommenes
aufblühen.

a
u
s

J
a
p
a
n

Auf der Welt gibt es nichts, was weicher und dünner ist als Wasser. Doch um Hartes und Starres zu bezwingen, kommt nichts diesem gleich.

Dass das Schwache
das Starke besiegt,
das Harte dem Weichen
unterliegt –
jeder weiß es, doch
keiner handelt danach.

Laozi

Begrenzt ist das Leben,
doch unerschöpflich
die Liebe.

Ihara Saikaku

[ Liebe ]

爱

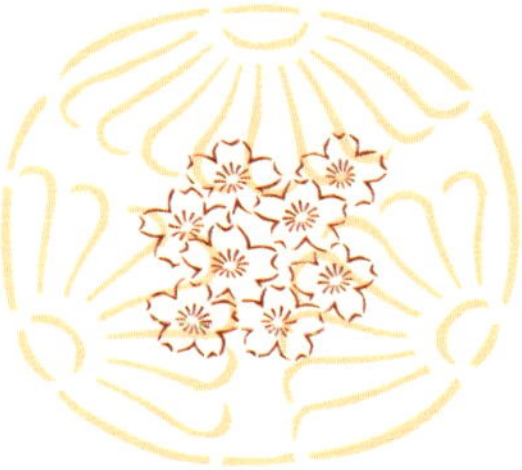

Macht können wir
durch Wissen erlangen,
aber zur Vollendung
gelangen wir nur
durch die Liebe.

aus China

Jede Kraft hat
eine Gegenkraft.
Gewalt, selbst
wohl gemeinte,
fällt immer
auf einen
selbst zurück.

Laozi

生

Mit Zorn und Hass
reißt man alles nieder,
mit Geduld und Liebe
aber baut man aus
nichts einen Tempel.

aus Vietnam

# Von der Pflege des Körpers zur Pflege des Lebens

Plötzlich wurden wir durch einen Wolkenbruch überrascht und fanden weit und breit keinen Unterschlupf. »Man kann ruhig aufrecht durch den Regen gehen, man wird genauso nass wie gebückt« war mein spontaner Ausspruch. Mir wurde klar, dass es gar keinen Sinn machte, den Kopf einzuziehen und sich vor dem Regen »zu verstecken«. Im Gegenteil, es macht sogar Sinn, den Regen anzunehmen: Wir spürten die Frische des Wassers und die dicken Tropfen auf unserer Haut, sie belebten unsere Sinne und wir freuten uns wie Kinder über die Blasen in den Pfützen.

Genau diese Regel findet sich auch im Verhaltenskodex für einen Samurai: »*Ein Mann, der unterwegs von plötzlichem Regen über-*

*rascht wird, rennt die Straße hinunter, um nicht nass und durchtränkt zu werden. Wenn man es aber einmal als natürlich hinnimmt, im Regen nass zu werden, kann man mit unbewegtem Geist bis auf die Haut durchnässt werden.«*

Wasser – Quell des Lebens: Jeder Tropfen erfrischt, reinigt und erneuert Körper und Geist. Wasser zur Pflege des Körpers ist bis heute ein wichtiger Bestandteil der östlichen Kultur. In Japan trifft man sich im *sento*, nach Geschlechtern getrennt, wäscht sich ausgiebig mit warmem Wasser und Seife. Die Männer rasieren sich, die Zähne werden geputzt, um anschließend gereinigt ins (mindestens 38°C) heiße Bad zu steigen und sich von den Strapazen des Alltags zu erholen. Die öffentlichen Badehäuser sind bis heute an jeder Ecke in Japan zu finden, die traditionellen werden wie früher mit Holz beheizt.

Schon zu Zeiten der Samurai war die Körperpflege eine wichtige Lektion: Ein Krieger sollte stets betont einen Zahnstocher benützen, selbst wenn er nichts zu essen hatte. Sein Morgenritual sah aus wie folgt: Ein Samurai stand um vier Uhr früh auf, nahm ein kaltes Bad und rasierte sich jeden Morgen den Vorderkopf (*sakayaki*). Er räucherte sein Haar mit Weihrauch, schnitt seine Nägel, polierte sie mit Bimsstein und glättete sie mit Sauerklee. Heute würde man es vielleicht als affektiert ansehen, aber ein Samurai hatte auf sein gepflegtes Äußeres zu achten, damit er – auf alles vorbereitet, zum Sterben bereit – keine Schande über seinen Herrn bringen würde.

Wer viel von sich selbst verlangt, dem wird viel Glück zuteil.

Von der Pflege des Körpers ist es kein allzu großer Schritt zur Pflege des Lebens, wie wir es bei Chuang-Tze finden. Hier können wir vom Koch des Fürsten Wen Hui lernen, der sozusagen mit seinen Gedanken das Rind zerfallen ließ: *»Der SINN ist's, was dein Die-*

ner liebt. Das ist mehr als Geschicklichkeit. Als ich anfing, Rinder zu zerlegen, da sah ich eben nur Rinder vor mir. Nach drei Jahren hatte ich's so weit gebracht, dass ich die Rinder nicht mehr ungeteilt vor mir sah. Heutzutage verlasse ich mich ganz auf den Geist und nicht mehr auf den Augenschein. (...) Ein guter Koch wechselt das Messer einmal im Jahr, weil er schneidet. Ein stümperhafter Koch muss das Messer alle Monate wechseln, weil er hackt. Ich habe mein Messer nun schon neunzehn Jahre lang und habe schon mehrere tausend Rinder zerlegt und doch ist seine Schneide wie frisch geschliffen. (...) Und doch, sooft ich an eine Gelenkverbindung komme, sehe ich die Schwierigkeiten. Vor-

*sichtig nehme ich mich in Acht, sehe zu, wo ich Halt machen muss, und gehe ganz langsam weiter und bewege das Messer kaum merklich – plötzlich ist es auseinander und fällt wie ein Erdenkloß zu Boden. Dann stehe ich da mit dem Messer in der Hand und blicke mich nach allen Seiten um. Ich zögere noch einen Augenblick befriedigt, dann reinige ich das Messer und tue es beiseite.« Der Fürst Wen Hui sprach: »Vortrefflich! Ich habe die Worte eines Kochs gehört und habe die Pflege des Lebens gelernt.«*

Auch ein Koch ist ein Künstler, seine Tätigkeit ist genauso als Kunst anzusehen, wie die eines Bildhauers, Musikers oder Schriftstellers. Alles kann Kunst sein! Die Auffassung, dass jeder in seinem Tun ein Künstler sein kann und sein Handeln eine Kunst, ist in Asien schon seit Jahrhunderten verwurzelt. Wenn wir beginnen, achtsam mit den Dingen umzugehen, schenken wir ihnen »Beachtung« und können sie mit »Hochachtung« bewerten. Wir werden sie wertschätzen und diesen Schatz weiter in uns tragen – und so vielleicht etwas glücklicher werden. Achtsamkeit, die während eines jeden Tages geübt wird, durchdringt unseren ganzen Körper und offenbart sich in unserem Verhalten. An den Tagen mit keinen oder kleinen Problemen zeigen sich die

Früchte des Übens vielleicht nicht so deutlich. Wenn jedoch plötzliche, unvorhersehbare oder ungewöhnliche Dinge geschehen, werden die tägliche Übung und Achtsamkeit ihre Wirkung zeigen.

*Will man etwas Großes erreichen, darf man nicht vergessen, den kleinen Dingen seine Aufmerksamkeit zu schenken. Denn aus der Anhäufung von kleinen Dingen erwächst das Große.*

广

[ WEITE ]

[Blick]

眼

Willst du wertvolle
Dinge sehen,
so brauchst du nur
dorthin zu blicken,
wohin die große
Menge nicht sieht.

L
a
o
z
i

Auch wenn die Biene
einen gestreiften
Rücken hat, ist sie
noch lange kein Tiger.

Chinesische Weisheit

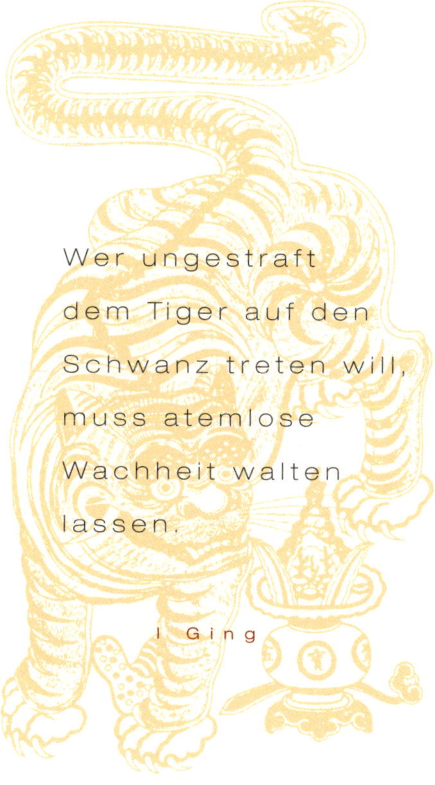

Wer ungestraft
dem Tiger auf den
Schwanz treten will,
muss atemlose
Wachheit walten
lassen.

I Ging

Dem sind keine
Grenzen gesetzt, der
sie nicht hinnimmt.

Z
E
N
-
S
p
r
u
c
h

[ WEITE ]

广

Wenn du hundert Yen
hast, kaufe dir
für fünfzig Yen Brot,
für die anderen fünfzig
aber Hyazinthen
für die Seele.

Japanische Weisheit

Zwischen
Denken
und Handeln
soll kein
Hauch sein.

Takuan Soho Zenji

Nur in einem ruhigen
Teich spiegelt sich
das Licht der Sterne.

a
u
s

C
h
i
n
a

# Alles ist da – die Einfachheit des Weltgeschehens

*Ein Schüler bat um Aufnahme bei einem berühmten Schwertmeister. Der Schüler begehrte nichts so sehr, wie diese Kunst zu er-*

*lernen, und so nahm der Meister ihn auf. »Was soll ich tun?«, fragte der Schüler, begierig, mit der Ausbildung anzufangen. »Geh Wasser holen!«, befahl ihm der Meister. Und der Schüler holte Wasser, wischte den Boden, hackte Holz, tagaus, tagein. Wochen und Monate vergingen. Der Schüler wurde ungeduldig. »Wann beginnt der Unterricht?«, fragte er den Meister. »Geh Holz hacken«, sagte der Meister. Der Schüler putzte den Boden, hackte Holz und holte Wasser, tagaus, tagein. Immer wieder fragte er, wann der Unterricht denn jetzt beginne. Immer wieder ließ ihn der Meister dieselben Arbeiten verrichten. Nach zwei Jahren hatte sich in ihm eine große Wut aufgestaut. Eines Tages beob-*

*achtete er, wie der Meister am Herd stand und Essen kochte. Er griff zur Axt, ging in die Küche und wollte den Meister von hinten erschlagen. In diesem Moment drehte sich der Meister um und hielt lächelnd die Axt fest: »Du hast jetzt alles gelernt, was du bei mir lernen konntest. Der Unterricht ist beendet.«*

—

## Der Weg ist das Ziel.

Was ist das eigentlich, dieses geheimnisvolle Do oder Dao? Weg, Sinn, Urprinzip, Allgesetz? Alles ist ein bisschen richtig, nichts davon gibt wirklich seine Bedeutung wieder. Und das gehört zum Wesen des Dao, daher beginnt das »Daodejing« mit den Worten: *»Das Dao, von dem man reden kann, ist nicht das ewige Dao.«* In Worten ist Dao nicht erklärbar, es liegt außerhalb dessen, was man wissen kann. Es lässt sich nur ahnen, fühlen, erleben.

Ich erinnere mich, wie ich als Kind einmal ganz lange in den sommerlichen Sternenhimmel schaute. Ein nachtblauer, samtweicher Teppich, die vielen glitzernden Punkte zufällig und wahllos hineingeworfen, so schön, dass ich den Blick nicht abwenden konnte. Plötzlich wölbte sich der Teppich zu einer riesigen Kuppel auf, der schwarze Raum dehnte sich unendlich aus, das Durcheinander der Sterne entpuppte sich als eine genaue Ordnung, jeder Stern war genau dort, wo er leuchtete, und nirgends sonst. Warum das so war, welchem Gesetz das folgte, die Frage kam mir gar nicht in den Sinn, aber ein seltsames Gefühl, dass es so und nicht anders gehörte, ergriff mich. Ich hatte etwas entdeckt, etwas Großes, Schönes, das wusste ich. Ich konnte nicht anders, ich musste dieser gefühlten Ordnung, jenen unsichtbaren, verästelten Linien, die sich immer mehr und mehr auftaten, mit staunenden Augen folgen, um jedes Mal wieder ein leises, glückliches Zusammenziehen im Bauch zu empfinden, wenn ich spürt, ja, hier muss genau dieser hell leuchtende Stern sein und dort dieser Sternenhaufen und hier dieses Band, das aussieht wie verschüttete Milch. Ich erblickte ein klar geknüpftes Netz im Nachthimmel, fast hätte ich schon mit den Händen hineingreifen und den nächsten ins Muster passenden Knoten einfügen können. Da öffnete sich die Kuppel und hinter diesem Sternenhimmel tauchten tiefer und tiefer noch andere und immer wieder andere Sternenhimmel auf, bis mir schwindelig wurde – ich schaute ganz schnell weg. Vielleicht habe ich in diesem Moment den ersten Schritt auf meinem »Weg« gemacht und eine kleine Ahnung bekommen vom »Muster von Himmel und Erde«.

Kinder sind dem Lauf der Natur, dem Sinn des Kosmos viel näher als Erwachsene. Ihr Denken ist noch unbelastet von Vorurteilen und Einteilungen, die den wirklichen, ersten, direkt wahrnehmenden Blick verstellen. Ich konnte damals das Gesehene und Erlebte gar nicht fassen, es hat mir Angst gemacht und ich habe so reagiert, wie wahrscheinlich die meisten Kinder reagiert hätten: Ich habe *weg*geschaut. Ich wollte das nicht bei mir haben. Und so habe ich mein Erlebnis bald vergessen – bis es mir als Erwachsener wieder in den Sinn kam.

Hebt man den Blick,
so sieht man keine Grenzen.

Mit ein wenig Glück können wir uns diesen kindlichen Blick erhalten oder wieder erarbeiten, dann hätten wir die Möglichkeit, unsere kindliche Angst zu überwinden und *hin*zuschauen. Und damit wären wir dem Weg schon sehr nahe, diesem geheimen »Sinn«, der All-Einheit allen Geschehens in der Welt. Vom Dao heißt es: Es enthält allen Wandel, lässt allen Wandel geschehen, ändert sich selbst nie. Es ist die Einheit, die sich nicht mehr zerteilen lässt, und steht allein fest. Es bringt alles aus sich hervor, liebt es und ernährt es, ohne es zu beherrschen. Es bewegt alles, ohne sich zu bewegen.

*Es ist genauso viel in dem kleinen Raum des Herzens wie der ganzen äußeren Welt. Himmel, Erde, Feuer, Wind, Mond, Blitze, Sterne: was immer ist und was immer nicht ist, alles ist da.*

# 始

[ A

NFANG ]

[ Fähigkeit ]

能

Ein Edler Mensch
kann nie sein
kindliches Herz
verlieren.

Mengzi

Wer einen Sieg
über andere erringt
ist stark.
Wer einen Sieg
über sich selbst erringt,
ist mächtig.

Laozi

Dass die Vögel der Sorge
und des Kummers
über deinem Haupte fliegen,
kannst du nicht ändern.
Aber dass sie Nester
in deinem Haar bauen,
das kannst du verhindern.

aus China

Auch eine Reise
von tausend Meilen
fängt mit dem
ersten Schritt an.

a
u
s

C
h
i
n
a

[ SCHRITT ]

歩

Nimm dir jeden Tag
eine halbe Stunde Zeit
für deine Sorgen...
...und in dieser Zeit
mache ein Schläfchen.

Laozi

Die
Lebensspanne
ist dieselbe,
ob man sie
lachend
oder weinend
verbringt.

aus Japan

Denkst du an ein Jahr,
säe ein Samenkorn.
Denkst du an
ein Jahrzehnt,
pflanze einen Baum.
Denkst du an
ein Jahrhundert,
erziehe einen Menschen.

Chinesische Weisheit

鈴木春信画

# Jeder Tag ist ein ganzes Leben

Als der Wandermönch Bodhidharma im Jahr 526 von Indien nach China kam, brachte er die Essenz von Buddhas Lehre mit – das Streben nach Erleuchtung. Er war der erste indische Lehrer in China, der es schaffte, eine Schülergemeinde um sich zu scharen, und legte somit den Grundstein für die weitere Verbreitung des Zen-Weges.

In Sanskrit nennt man Meditation *dhyana* – im Chinesischen *chan* – später wurde in Japan in der Blütezeit dieser Geisteshaltung *zen* daraus. Bodhidharma wandte sich in seiner Lehre von den Inhalten des indischen Buddhismus ab, dem Studieren der Sutren, den religiösen Ritualen und dem Gottheitenkult. Stattdessen saßen seine Schüler mit gekreuzten Beinen auf dem Boden und strebten danach, durch die vollständige

Wahrnehmung des Augenblicks im Alltag ihre Natur zu verwirklichen: In der Einheit mit dem gegenwärtigen Moment zur Erleuchtung gelangen. Meister Rinzai lehrte seine Schüler: »*Es gibt keinen Buddha, kein Dharma, keine Schulung und keine Erkenntnis. Wonach jagt ihr so erbittert? Wollt ihr einen zweiten Kopf auf euren eigenen setzen, ihr blinden Schwachköpfe? Euer Kopf sitzt genau da, wo er sein muss. Was fehlt euch also? Statt euch an meine Worte zu klammern, solltet ihr euch lieber beruhigen und nichts weiter mehr suchen. Hängt euch nicht an die Vergangenheit und verlangt nicht nach der Zukunft. Das ist besser als zehn Jahre Pilgerschaft.*«

Das Ziel des Zen ist nicht nur meditieren, sondern den reinen, klaren Geist jeden Augenblick im gesamten Leben zu begleiten. Es gibt unzählige verschiedene Wege, aber alle haben die *eine* Grundlage:

Jetzt und hier zu sein.

### Frühling

*Buddhas Lehre*
*erstrahlt*
*im Tau auf den Blättern.*

Kobayashi Issa

### Sommer

*Wo Menschen sind,*
*gibt es Fliegen*
*und Buddhas.*

Kobayashi Issa

### Herbst

*Wind aus dem Westen,*
*abgefallene Blätter häuft er*
*im Osten.*

Yosa Buson

### Winter

*Komm, lass uns gehen*
*und dem Schnee zusehen, bis wir*
*darin versinken.*

Matsuo Basho

Der Weg der Poesie im Zen ist das *Haiku*. Im 17. Jahrhundert wurde diese Form des Dichtens in Japan bekannt und höchst beliebt. Bis heute hat sie nichts an ihrer Popularität verloren. Diese Gedichtform mit ihrem strengen Versmaß entspricht exakt der Länge eines menschlichen Atemzuges. Dadurch erhält das Haiku einen Hauch von Eins-Sein mit der Vollkommenheit der Natur. Die Verse spiegeln diese blitzartige Einsicht in die lebendige Schönheit der Natur wider. In seinen Zeilen strebt der Dichter nach dem Absoluten, der Erleuchtung. Sie wird entweder erreicht oder nicht, dazwischen gibt es nichts – genau das macht diese Dichtung so kraftvoll!

Wir Europäer können daraus viel lernen, vor allem aber, die Dinge auf den Punkt zu bringen und ohne Umschweife beim Namen zu nennen. Stellen Sie sich eine politische Talkshow vor, bei der die Kontrahenten in einem Atemzug ihre Einsichten darlegen müssten. Wie spannend und inhaltsreich könnten Diskussionen dann wieder werden…

Der zweite Gewinn ist die Auseinandersetzung mit der Schönheit der Natur: Wir haben doch vor lauter Vor-Sicht völlig vergessen, zu erkennen wie nah, hier und jetzt Schönheit, Glück und Zufriedenheit liegen. In Dantes »Göttlicher Komödie« riechen die Engel im Paradies hingebungsvoll an einer Apfelblüte und bewundern verzückt ihre Vollkommenheit. Wie nah das Paradies sein kann und wie geschäftig wir jeden Tag daran vorbeilaufen – vielleicht sollten wir uns wieder einmal die Zeit nehmen, an einer Blüte zu riechen und ihre Vollkommenheit zu bewundern. Schneller führt kein Weg ins Paradies.

Freuen Sie sich an den kleinen Dingen – jeden Tag, jede Stunde, jeden Moment in Ihrem Leben!

仁

[ GÜTE ]

[ KRAFT ]

力

Der Baum, der im Frühling nicht aufblüht, trägt im Herbst keine Frucht.

a
u
s

J
a
p
a
n

Wen der Himmel
bewahren will,
den erfüllt er
mit Güte.

Laozi

Wenn ich einen
grünen Zweig
im Herzen trage,
wird sich auch ein
Singvogel darauf
niederlassen.

aus China

Beim Denken zeigt sich
die Güte in der Tiefe.
Beim Schenken zeigt sich
die Güte in der Liebe.
Beim Reden zeigt sich
die Güte in der Wahrheit.
Beim Walten zeigt sich
die Güte in der Ordnung.
Beim Wirken zeigt sich
die Güte im Können.

Lao Dan

[ GÜTE ]

仁

Wer selbst nicht streitet,
mit dem kann niemand
in der Welt streiten.

Laozi

Wenn du
unaufhörlich
gibst,
wirst du
unaufhörlich
haben.

aus China

Der Geist,
der allen Dingen
Leben verleiht,
ist die Liebe.

Zhouli

Nachwort

# Der Weg, den jeder selber wählt

Der Weg unseres Lebens ist uns vorgezeichnet. Auch blind und taub werden wir unseren Weg finden und bis ans Ende gehen. In unserer Jugend stehen wir mit offenen Mündern da und trauen unseren Sinnen kaum, wenn wir zu den ersten Kreuzungen kommen und uns die Entscheidung des »richtigen Weges« schwer fällt. Nur Mut, trefft entschlossen Entscheidungen und schreitet voran! Und wann immer wieder einmal eine Kreuzung am Lebensweg naht, horcht tief in euch hinein. Dann entscheidet euch in Ruhe und im Einklang mit euch selbst. Das Vertrauen auf die eigene Fähigkeit, das »Richtige« zu tun, wird mit zunehmendem Lebensweg wachsen. Wer das Glück hat, wie ich, einen Partner zu finden, mit dem man den Weg gemeinsam fortsetzen kann, wird feststellen, dass die Schritte mutiger, größer und schneller werden.

懂

[ A

NHANG ]

# Biografien

## Buddha

Siddharta Gautama wurde um 560 v. Chr. in Nordindien als Sohn des Fürsten Shuddhodana geboren. Er erhielt später den Ehrentitel »Buddha«, der Erleuchtete. Er gilt als Begründer des Buddhismus, eine der großen Weltreligionen, die besonders im asiatischen Raum Verbreitung fand. Um die Lebensgeschichte des Buddha ranken sich vielen Legenden, gesichert ist jedoch, dass er mit sechzehn Jahren seine Cousine heiratete und mit ihr einen Sohn hatte. Im Alter von 29 Jahren verließ er seine Familie und damit ein Leben in Reichtum, da es ihm angesichts von Leiden, Alter, Krankheit und Tod sinnlos erschien. Er übte sich in Meditation und harter Askese, bis ihm unter einem Feigenbaum bei Bodh Gaya Erleuchtung (bodhi) zuteil wurde. Er schuf die Lehre der »vier edlen Wahrheiten« und gründete einen Orden. Bis zum Ende seines Lebens um 480 v. Chr. lehrte er öffentlich im Gebiet des mittleren Ganges. Er hinterließ keine eigenen Schriften, aber seine Predigten wurden später als Lehrtexte aufgezeichnet und gelten als relativ authentisch.

## Chen-chün

wurde 1857 der Mandschurei im Nordosten von China geboren. Er war Angehöriger des Gowalgiya-Klans und Verfasser bedeutender historisch-kulturgeschichtlicher Monografien. Er starb 1920.

## Dalai Lama

(»Ozean des Wissens«)

Der Dalai Lama ist das politische, der Pantschen-Lama das religiöse Oberhaupt des tibetischen Lamaismus. Regierungssitz ist das Potala-Kloster in Lhasa.

Der Dalai Lama gilt als Reinkarnation des Bodhisattva Avalokiteshvara. Der heutige 14. Dalai Lama wurde 1935 in einem nordtibetischen Dorf als Sohn von Bauern unter dem Namen Lhamo Dhondrub geboren und 1937 anhand von Prophezeiungen gefunden und aufgrund von besonderen Merkmalen als Wiedergeburt erkannt. 1939 wurde er offiziell bestätigt und erhielt den Namen Tenzin Gyatso, 1940 erfolgte die Inthronisation. 1949 begann die chinesische Volksbefreiungsarmee mit der Eroberung und Besetzung Tibets. Die letzte Gegenwehr der Tibeter 1959/60 wurde blutig niedergeschlagen und der Dalai Lama musste über den Himalaya nach Indien fliehen, wo er bis heute in Dharamsala im Exil lebt. Im Namen der von ihm geleiteten – und bis heute von keinem Staat offiziell anerkannten – Exilregierung setzt er sich für die Interessen eines unabhängigen demokratischen Tibets ein, widmet sich der Ausbildung und Erziehung tibetischer Flüchtlinge und bewahrt die tibetische Kulturtradition. Für seinen unermüdlichen Einsatz, mit gewaltlosen Mitteln eine Lösung für den Tibetkonflikt zu finden, erhielt er 1989 den Friedensnobelpreis.

## Ihara Saikaku

war ein berühmter japanischer Schriftsteller und lebte von 1642–1693. Schon als Vierzehnjähriger tritt er in die berühmte Darin-Schule des Haiku ein und erlangt den Ruf eines »Meisters der 20 000 Haiku«. Er wurde durch Sittenschilderungen (Ukiyozoshi) aus dem Leben der Bürger und Krieger seiner Zeit bekannt. 1682 veröffentlichte er sein erstes Prosawerk »Yonosuke, der dreitausendfache Liebhaber«, ein Roman, der rasch ein Bestseller wurde. 1687 erschien das »Danshoku-okagami«(Großer Spiegel der Männerliebe) und weitere Erzählungen über das Leben von Kurtisanen und das Treiben in den Vergnügungsvierteln. Die Werke dieses großen japanischen Erzählers werden mit denen von Boccaccio und Casanova zu den bedeutendsten erotischen Texten der Weltliteratur gezählt.

## Kaibara Ekiken

In der Tokugawa-Periode (1603–1867) führte Kaibara Ekiken (1630–1714) zwei kulturelle Neuerungen ein: zum einen eine systematische Naturstudie auf der Grundlage des Neo-Konfuzianismus, die als Anfangspunkt der japanischen empirischen Wissenschaften betrachtet wird. Zum anderen die Übertragung der konfuzianischen und neo-konfuzianischen Philosophie in die Umgangssprache der einfachen Menschen. Bekannt wurde er jedoch für seine Handbücher zum guten Benehmen, die auf den ethischen Regeln des Konfuzianismus beruhten. Auf die gering geschätzte soziale Stellung der Frau hatten diese Handbücher einen entscheidenden Einfluss. Seine Schrift »Onna daigaku« (Hohe Schule der Frauen) war über viele Jahrhunderte das maßgebliche Werk für die Erziehung der Mädchen und Frauen. »Gehorsam gegen den Mann ist der Weg der Frau.«

## Konfuzius (Kungtse)

Sein eigentlicher Name lautete Kong Qiu. Er wurde etwa 551 v. Chr. vermutlich im Staat Lu in der heutigen Provinz Shandong geboren und starb dort etwa 479 v. Chr. Über sein Leben gibt es kaum gesicherte Aussagen, das meiste ist Erfindung späterer Generationen. Seine Lebenszeit fällt in das Ende der

»Frühlings- und Herbstperiode«, einer bewegten Zeit, in der das chinesische Feudalreich in zahlreiche Einzelstaaten zerfiel, die sich gegenseitig bekriegten. Konfuzius entstammte ziemlich sicher dem verarmten Kleinadel, führte als Philosoph ein Leben als »Wandernder Gelehrter« wie viele in dieser Zeit und sammelte eine wechselnde Schar von Schülern um sich. Dem Zerfall der alten Werte setzte er eine Lehre entgegen, die das feudale System auf einer ethischen Grundlage neu begründete. Der Konfuzianismus wurde als praktische Philosophie zur staatstragenden Ideologie. Konfuzius selbst hinterließ keine eigenen Werke, aber redigierte die so genannten »Fünf Klassischen Bücher« . Seine Lehren wurden im »Buch der Gespräche« (Lunyu) niedergelegt, eine Sammlung von etwa 500 Gesprächsnotizen und Aussprüchen, die von Schülern und Enkelschülern überliefert und im 2. Jh. v. Chr. in der heutigen Form zusammengestellt wurde.

## Lao Dan

ist vermutlich ein anderer Name von Laozi. Diese Annahme geht zurück auf eine kurze Anmerkung aus dem Werk Lüshi chunqiu (»Frühling und Herbst des Herrn Lü«, Mitte des 3. Jh. v. Chr.): »Lao Dan schätzte die Nachgiebigkeit, Meister Kong die Menschlichkeit ...«

## Laozi (Laotse)

war ein chinesischer Philosoph, dessen Existenz jedoch historisch nicht sicher nachgewiesen werden kann. Nach traditioneller Auffassung ist er der Verfasser des »Daodejing« (Klassiker von Weg und Wirkkraft, Das heilige Buch vom Weg und von der Tugend oder auch Das Buch des Alten von Sinn und Leben). Die Texte des Daodejing enthalten Elemente aus früheren Überlieferungen, wurden aber relativ sicher von einer einzigen Person zusammengestellt. Das Werk besteht aus vorwiegend gereimten Sinnsprüchen und philosophischen Aphorismen. Laozi soll diese bei seinem Weg ins Exil, auf einem Büffel reitend, einem Passtorwächter diktiert haben. Er soll zudem ein Zeitgenosse des Konfuzius gewesen sein, müsste also ungefähr im 6. Jh. v. Chr. gelebt haben. Laozi taucht in einigen Schriftzeugnissen hauptsächlich als Widerpart des Konfuzius auf, jedoch nicht im Daodejing selbst. Er gilt u.a. auch als Personifikation des Dao selbst. Er ermutigte die Menschen zu einem einfachen und bescheidenen Leben.

## Padmasambhawa

(Sanskrit: der aus dem Lotos Geborene)

stammt aus Uddiyana in Nordindien. Er war buddhistischer Lehrer und Wundertäter und gilt als ein Begründer des Lamaismus. König Trisong Detsen

(755–797) holte ihn 765 nach Tibet, um den Buddhismus gegen die einheimische Bon-Religion durchzusetzen. Padmasambhawa vermischte den Buddhismus mit dem indischen Tantrismus und schamanistischen Praktiken und schuf so eine neue Lehre. Er wirkte bei der Gründung des ersten Klosters Gsam-yas (Samye) mit.

## Mahatma Gandhi

(Sanskrit: dessen Seele groß ist)

Mohandas Karamchand, genannt Mahatma, wurde 1869 in Porbandar geboren. Gandhi entwickelte aus der altindischen Lehre des Ahimsa, der christlichen Bergpredigt und den Ideen Tolstojs Methoden des gewaltlosen Kampfes. Seit 1915 war er der Führer der indischen Unabhängigkeitsbewegung. 1920 löste er, schockiert von der brutalen Niederschlagung einer indischen Protestbewegung durch die britischen Truppen, die erste Kampagne zum zivilen Ungehorsam aus. Gandhi setzte eine Massenbewegung in Gang, die durch Asahayoga (Nichtbeteiligung) an den Institutionen der britisch-indischen Regierung und einen Boykott britischer Firmen und ihrer Produkte Kompromissbereitschaft in der Unabhängigkeitsfrage erzwingen sollte. 1922 wurde er verhaftet, aber zwei Jahre später wegen Krankheit begnadigt. Als sich die britische Regierung weigerte,

Indien den Dominionstatus zu gewähren, löste Gandhi 1930 die zweite Kampagne zum zivilen Ungehorsam aus. In der Folgezeit war er immer wieder im Gefängnis und führte dort mehrfach als Protest gegen die politische Situation in seinem Land ein langes Fasten durch. Im Zweiten Weltkrieg forderte er die sofortige Unabhängigkeit für Indien und versuchte nach Kriegsende vergeblich, die gewalttätigen Konflikte zwischen Hindus und Muslims zu verhindern. 1947 konnte er allerdings die brutalen Ausschreitungen in Kalkutta durch einen Fastenprotest verhindern. 1948 wurde er in Delhi von einem Hindu-Fanatiker ermordet.

## Mengzi (Mong Dsi)

Seine Lebensdaten werden traditionell auf 372–289 v. Chr. datiert, er lebte also in der »Zeit der Streitenden Reiche«. Er stammte aus der Provinz Zou im heutigen Shandong. Mengzi war als politischer Ratgeber an verschiedenen Fürstenhöfen tätig. Er gilt als der legitime Überlieferer der Lehre des Konfuzius. Die Texte seiner Schule wurden im »Buch Mengzi« gesammelt. Darin begründet er eine politische Moral, die davon ausgeht, dass der Mensch im Grunde gut ist. Bedeutung erlangte es durch seine Rechtfertigung des Tyrannenmordes und der Darlegung von Rechten, aber auch Pflichten des Herrschers. Im 12. Jh. wurde es zu einem der »Vier Kanonischen Bücher« erhoben und hatte großen Einfluss auf die chinesische Staatsphilosophie.

## Morihei Ueshiba

war der Begründer des Aikido, geboren 1883 in Tanabe. Unter dem Einfluss von Minakata Kumakusa, einem weltbekannten Mystiker, begründete er 1912 eine ansehnliche Siedlung mit knapp neunzig Mitgliedern im Brachland von Hokkaido, das von der Regierung zur Besiedelung freigegeben worden war. Er wurde 1915 Schüler von Takeda Sogaku, einem Großmeister der Kampfkunst des Daito ryo Aikijutsu. 1919 schloss sich Ueshiba in Ayabe der esoterischen Sekte Omoto kyo unter Deguchi Onisaburo an und es kam zur Entzweiung mit Takeda, der die Sekte ablehnte. Seine Frau, die ihm auch nach Hokkaido gefolgt war, zog mit ihm nach Ayabe. Zwei ihrer drei Kinder starben dort. Die Sekte wurde aus politischen Gründen von der Regierung intensiv verfolgt und 1924 musste Deguchi mit einigen treuen Anhängern, darunter Ueshiba, in die Mandschurei fliehen. Anfänglich unterstützt vom Mandschu-Kaisers Tchang Tso Lin (1873-1928), vermutete dieser jedoch bald hinter den missionarischen Umtrieben der Sekte Verrat. Daraufhin ließ er 130 Anhänger hinrichten und den Rest verhaften. Das japanische Konsulat konnte die Freilassung von Deguchi und Ueshiba erwirken. Deguchi wurde allerdings nach seiner Ankunft in Japan sofort verhaftet. Ueshiba löste sich in der Folgezeit weitgehend von der Omoto kyo und zog 1927 nach Tokio, wo er bis 1930 unterrichtete und 1931 sein legendäres Dojo »Kobukan« eröffnete. 1933 erschien sein erstes Lehrbuch »Budo Renshu«. 1938 wurde er als Hauptlehrer des Budo in Japan anerkannt. Der Ausbruch des Zweiten Weltkrieges stürzte ihn in eine tiefe persönliche Krise. 1942 legte er alle seine Ämter nieder und zog mit seiner Familie nach Iwama, einem Dorf in der Nähe von Tokio. Dort entwickelte er das, was man später Aikido (Weg des Friedens) nannte. In der Nachkriegszeit waren in Japan alle Kampfkünste verboten, sodass die Aikido-Vereinigung (Aikikai) erst 1948 gegründet werden konnte. Ueshiba bereiste zunächst die Länder des Pazifik, um seine Vorstellungen von einer Kampfkunst für den Frieden zwischen den Menschen zu verbreiten. Anfang der 50er Jahre wurde Aikido in Hawaii und Frankreich eingeführt, 1955 wurde das erste Mal eine öffentliche Aikido-Demonstration in Tokio abgehalten. Aikido verbreitete sich schnell und wird inzwischen weltweit unterrichtet. 1969 starb Ueshiba an Krebs.

## Nobuyuki Watanabe

Watanabe Sensei wurde 1930 in Miyazaki, Kyushu geboren. Seit 1958 praktiziert er Aikido und wurde 1960 Uchideshi im Aikikai Hombu Dojo unter O-Sensei Morihei Ueshiba, dem Begründer des Aikido. Watanabe Sensei ist 8.Dan Shihan und Lehrer im Aikikai-Hombu-Dojo in Tokyo. Seit 20 Jahren bereist er mehrmals im Jahr Deutschland und gibt Lehrgänge in Birach, München und Berlin.

## Sogyal Rinpoche

wurde 1948 in Tibet geboren und war Schüler des Meisters Jamyang Kyentse Chökyi Lodrö, mit dem er nach der Besetzung Tibets durch die Chinesen ins Exil ging. Rinpoche erhielt auch eine moderne, westliche Ausbildung, er studierte nicht nur in Delhi, sondern auch in Cambridge (England). Zunächst arbeitete er als Übersetzer. 1974 begann er als Lehrer zu wirken, bereiste Europa, Nord-Amerika, Asien und Australien und widmete sich der Verbreitung buddhistischer Prinzipien im Westen. Sein bekanntestes Werk ist »Das Tibetische Buch vom Leben und Sterben«, das mittlerweile in mehr als zwanzig Sprachen übersetzt wurde und als »spiritueller Klassiker« gilt. Er ist Begründer von Rigpa, einem weltweiten Netzwerk von Zentren und Gruppen von praktizierenden Buddhisten seiner Lehre.

## Takuan Soho Zenji

ist der Name, den sich der berühmte japanische Zen-Meister Soho (1573–1645) selbst gab und unter dem er heute bekannt ist. Takuan war auch ein berühmter Meister der Teezeremonie, der Schrift, der Malerei und Dichter aus der Tokugawa-Zeit (1603–1867). 1609 wurde er Abt des Daitokuji-Klosters in Kyoto. 1638 siedelte er auf Wunsch des Shogun Tokugawa Lemitsu nach Shinagawa bei Edo um und wurde dort Abt des neu gegründeten Tokaiji-Klosters. Takuan ist der Autor der »Hiden« (Geheime Abhandlungen über die Kampfkünste). Er brachte die Zen-Philosophie in die Kampfkünste ein (Bujutsu) und schrieb das »Taiaki«, jenen berühmten Text über die Meisterschaft in der Kunst des Schwertes, mit dem er den Kendo (Weg des Schwertes) in neuer Höhe in der japanischen Kultur verankerte. Die Schrift »Die Kunst zu siegen, noch bevor ein Kampf begonnen hat« ist vielleicht die wichtigste Zen-Lektüre für den Krieger, der den Weg der Kampfkunst gewählt hat.

## Tohei Koichi

ist japanischer Aikido-Meister, Träger des 10. Dans und wurde 1932 in Tokio geboren. Er war einer der Schüler des Aikido-Begründers Morihei Ueshiba. 1942 wurde er zum Militärdienst eingezogen und kehrte erst nach Kriegsende wieder zurück. Er trainierte danach auch bei Nakamura Tempu im Gokokuji-Tempel in Tokio. 1953 bereiste er Amerika und in der Folgezeit noch viele andere Länder, um Aikido zu unterrichten. 1959 veröffentlichte er sein erstes Buch über diese Kampfkunst. 1971 gründete er die Ki no Kenkyukai (Ki-Gesellschaft) und unterrichtete dort das Shinshintoitsu, eine traditionelle Richtung des Aikido, bei der die Einheit von Geist und Körper durch natürliche Bewegungen erreicht wird.

## Zhou Dunyi

Zhou Dunyi (1017–1073) entstammte einer Beamtenfamilie und war Provinzbeamter mittleren Ranges. In seinen beiden Hauptwerken »Taiji tushuo« (Erläuterungen zur grafischen Darstellung des Ur-Endlichen) und »Tong shu« (Grundwahrheit des Buchs der Wandlungen) beschreibt er die Prinzipien der Entwicklung des Universums, beginnend mit dem Urprinzip, Taiji. In ihm sind Ruhe und Bewegung, durch die das Yin-Yang-Fluidum entsteht. Aus dieser Vermischung entwickeln sich die fünf Elemente, die Himmel und Erde bilden. Der Einfluss von Laozi und Zhuangzi ist nicht zu verkennen. Er stand jedoch für eine neue philosophische Richtung, die zwar das ethische Grundgerüst des Konfuzianismus beibehielt, aber daoistisches und buddhistisches Gedankengut als Erklärung mit einbezog. Damit schuf er das Fundament für die Wissenschaft der Song-Zeit (960–1279).

## Zhouli

»Die Riten der Zhou-Dynastie« ist einer der dreizehn Klassiker aus dem Schriftenkanon der Konfuzianer. Es wurde um das 4.–3. Jh. v. Chr. verfasst und zeichnet sehr alte Traditionen auf, widmet sich aber auch Utopien einer idealen Verwaltung.

## Zhuangzi (Dschuang Dsi)

»Zhuangzi« ist eines der drei Hauptwerke des chinesischen Daoismus und zugleich der Name des Autors, dem die erst im 3. Jh. n. Chr. zusammengestellte Textsammlung zugeschrieben wird. Sein eigentlicher Name war Zhuang Zhou. Er lebte um 370–300, in der »Zeit der Streitenden Reiche«, also vor der Einigung Chinas, der Blütezeit der chinesischen Philosophie. Unter den Daoisten gilt er als der dichterisch Stärkste. Von seinem Leben ist wenig bekannt. Die Aufzeichnung im Werk des Historikers Sima Qian Anfang des 1.Jh. v. Chr. beschreibt seine Herkunft aus Meng in der Provinz Henan, wo er später einige Zeit als Beamter tätig war. Vermutlich war er verheiratet, seine Familie schien in eher ärmlichen

Verhältnissen zu leben. Über das Verhältnis zu seiner Frau existieren verschiedene Legenden. Außerdem sind Streitgespräche zwischen ihm und seinem Zeitgenossen Hui Shi, einem bedeutenden Sophisten, überliefert. Das Buch »Zhuangzi« gehört nicht nur philosophisch, sondern auch literarisch zu den bedeutendsten Zeugnissen der chinesischen Kultur.

# Lehren

## Buddhismus

ist die vom Buddha im 6. oder 5. Jh. v. Chr. im nördlichen Vorderindien gestiftete Religion. Der Buddhismus war eine Reformbewegung, die eine Veränderung der alten, brahmanischen Kultur Indiens anstrebte. Buddha lehnte das Kastensystem, die Herrschaft der Brahmanen und die Autorität der Veda ab. Der Buddhismus war jedoch immer tolerant, er bekämpfte weder den Brahmanismus noch andere Religionen. Er besteht gegenwärtig aus verschiedenen Formen, der südliche Hinayana (Kleines Fahrzeug) in Sri Lanka, Birma, Laos, Thailand und Kambodscha und der nördliche Mahayana (Großes Fahrzeug) in Nepal, Vietnam, China, Korea, Japan sowie als eigene Form des Lamaismus in Tibet, Sikkim, Bhutan und der Mongolei. Nach der buddhistischen Lehre unterliegen alle irdischen, unter- und überirdischen Wesen dem Gesetz der Vergeltung aller guten und bösen Taten (Karma). Es gibt nichts Ewiges und Unvergängliches, es gibt nur den Kreislauf von Werden und Vergehen, alles unterliegt dem Prozess der dauernden Veränderung. Buddha verkündete die »vier edlen Wahrheiten«: 1. Leid ist bedingt durch die Tatsache der individuellen Existenz auf der Erde. 2. Die Ursache des Leides ist der »Durst«, die Begierde und der Lebenswille. 3. Er wird überwunden durch das »Erlöschen des Durstes«, durch das Abtöten der Begierde und aller Leidenschaften. 4. Der »edle achtfache Weg« führt zur Aufhebung der Ursache des Leides: rechte Anschauung und Gesinnung, rechtes Reden, Handeln und Leben, rechtes Streben, Denken und Sichversenken. Ziel ist das Nirvana, die immer währende Seelenruhe, wenn der ewige Kreislauf von Geburt und Tod durchbrochen worden ist.

## Daoismus (Taoismus)

ist die chinesische Lehre vom Dao (japanisch: *Do)*, neben dem Konfuzianismus und Buddhismus einer der drei herrschenden Weltanschauungen im asiatischen Raum, die sich in einen religiösen und einen philosophischen Zweig teilt. Der philosophische Zweig erscheint in China seit dem 4. Jh. v. Chr. in zwei Werken (Daodejing und Zhuangzi), die den historisch nicht fassbaren Philosophen Laozi und Zhuangzi zugeschrieben werden. Später kommt als drittes Werk das »Liezi« dazu. Zentral ist die Beschäftigung mit dem Urgrund des Seins, dem Dao. Dao ist die übergeordnete Gesetzmäßigkeit des Universums, die nicht erfassbare Ordnung aller sichtbaren Veränderungen. »Das Dao, von dem man reden kann, ist nicht das ewige Dao.« Es durchdringt alle Elemente des Seins und fasst sie zu einer höchsten Einheit zusammen. Sein Wirken zeigt sich im Wechselspiel von Yin und Yang. Der Mensch ist gegenüber anderen Wesen nicht hervorgehoben, sondern Teil der Allnatur des Dao. Wissen und Wollen führten ihn weg von der Erkenntnis. Die rechte Lebenseinstellung besteht im bedingungslosen Annehmen der eigenen Natur, dem »wu wei« (nicht gegen die Natur handeln), um schließlich Einklang mit der Natur zu erlangen. Der Daoismus lehnt übergeordnete Autoritäten ab und richtet sich gegen den Konfuzianismus mit seiner starren Gesellschaftsordnung.

Der religiöse Daoismus ist die volkstümliche Ausprägung dieser Lehre. Legenden über die »geheimen Praktiken« früher Daoisten wurden mit dem

Glauben an Naturgottheiten vermischt. Dazu kam der Glaube an den zum Gott erhobenen Laozi, an Mystik, Magie und die Einbeziehung älterer Naturlehren (Lehre von Yin und Yang, Wirken der fünf Elemente, Buch der Wandlungen). Es zählen dazu alle Schulen, die sich die Erlangung der Unsterblichkeit zum Ziel setzten und zu diesem Zweck Übungen entwickelten wie Atemübungen, Gymnastik (u.a. Qigong), sexuelle Praktiken, Alchimie usw.

## Konfuzianismus

ist eine auf Konfuzius zurückgehende Lehre, die zahlreiche ältere religiöse und soziale Vorstellungen in sich aufnahm und neu interpretierte. Der »Himmel« wird zu einer moralisch wirkenden Macht, die die natürlichen und ethischen Gesetzmäßigkeiten des Universums verkörpert. Religiös-magische Bräuche werden zu »Riten« umgestaltet, der Fürst hat sich als »Edler« im moralischen Sinn zu legitimieren. Grundlage für die Erziehung zum »Edlen« ist die Befolgung der fünf Tugenden: Menschlichkeit, Gerechtigkeit, Höflichkeit, Folgsamkeit und Treue. Der Herrscher unterliegt wie der Himmel dem allgemeinen Naturgesetz. Durch die Beachtung von Riten wird es aufrechterhalten. Grundmodell für jede Hierarchie, auch die staatliche, bildet die patriarchale Familie. Die in der Familie, der Gemeinschaft mit Freunden und im Staatswesen zu erfüllenden Pflichten sind zusammengefasst in den »fünf Beziehungen« zwischen Fürst und Staatsdiener, Vater und Sohn, Mann und Frau, älterem und jüngeren Brüdern, Freund und Freund. Jeder Mensch hat nach oben zu gehorchen und nach unten moralisch verantwortlich zu handeln. Diese Gesellschaftsordnung setzte sich in weiten Teilen Asiens durch und bestimmt zum Teil auch heute noch das soziale Leben in einem undurchschaubaren Regelwerk von gegenseitiger Verpflichtung und Hierarchie.

Im 2. Jh. v. Chr. wurde der Konfuzianismus durch den Han-Kaiser Wudi zur offiziellen und orthodoxen Weltanschauung in China ernannt. Seit dem 3. Jh. n. Chr. wurde er dann durch den Daoismus und vor allem den Buddhismus zurückgedrängt. Er erlebte aber mit dem 10. Jh. im »Neokonfuzianismus«, der zahlreiche daoistische und buddhistische Elemente in sich aufnahm, eine Wiedergeburt. Im 4. Jh. gelangte der Konfuzianismus nach Japan, wo jedoch – im Gegensatz zu China – die Loyalität zum Staat gegenüber der zur Familie Vorrang bekam.

Als die heiligen Texte des Konfuzianismus gelten, obwohl wesentlich älter, die nach der Tradition von Konfuzius redigierten »Fünf Klassiker«: das »I Ging« (Buch der Wandlungen), »Shijing« (Buch der Lieder),

»Shujing«(Buch der Urkunden), »Liji«(Aufzeichnungen über die Riten) und das »Chunqiu«(Frühlings- und Herbstannalen). Später kamen dazu die »Vier Kanonischen Bücher«: das »Lunyu«(Gespräche des Konfuzius), das »Buch Mengzi«, das »Daxue«(Die große Lehre) und »Zhongyong«(Einhalten der Mitte).

## Shintoismus

Shinto oder »Kami no michi« (Weg der Geistwesen) ist eine japanische Naturreligion, die in allen Erscheinungsformen Manifestationen höherer Geister (kami) sieht. Shintoismus ist die in Europa bekannte Bezeichnung für Shinto, meint aber auch die Gesamtheit der religiösen Vorstellungen Japans vor dem Eindringen des Buddhismus. In der Volksreligion wurden Naturkräfte wie Sonne, Mond, Berge, Ahnen und Klan-Gottheiten verehrt. Alle diese Bereiche haben göttlichen Charakter, sind kami. Die Zahl der kami ist daher außerordentlich hoch, die Japaner sprechen von 800 Myriaden von kami. Als Schöpfer des Meeres, der Gebirge, der Pflanzen und auch Japans gelten der Gott Isanagi und die Göttin Isanami. Isanagi übertrug die Herrschaft über den Himmel an die Sonnengöttin Amaterasu, die über die Nacht an den Mondgott Tsukijomi, die über das Meer an den Sturmgott Susano-o. Aus einem Streit der Gottheiten geht Amaterasu als Siegerin hervor

und ernannte ihren Enkel Ninigi zum Herrscher über Japan. Er gilt als göttlicher Ahnherr der bis heute herrschenden Dynastie. Ihr Oberhaupt ist der Tenno (Himmelsherrscher), der Kaiser Japans. Es gibt drei Arten von Shinto: den Schrein-Shinto, mit der Verehrung von kami an Schreinen, den Sekten-Shinto seit dem 19. Jh., dessen Mitglieder sich in Kirchen treffen, und den Volks-Shinto, der sich auf die Verehrung von Haus- und Feldgottheiten und religiöse Bräuche, vor allem der Reinigung, stützt.
Der sich ungefähr ab der Zeitenwende herausbildende Shintoismus beruft sich zwar auf die Volksreligion, verwendet diese aber politisch als Lebens- und Staatsauffassung. Im Zentrum des Shintoismus steht die Sonnengöttin Amaterasu, die Stammesmutter des japanischen Kaisers, der sich zu ihrem Oberpriester machte und den Willen der Götter auf Erden repräsentiert. Das Element der Treue gegenüber Obrigkeiten gewann eine zentrale Rolle. Im 6. Jh. vermischten sich die Lehren des Shintoismus mit dem aus China kommenden Buddhismus. Shintoistische Götter wurden als Inkarnation des Buddhismus in diesen überführt und die Shinto-Klöster gerieten in Abhängigkeit zu buddhistischen Tempeln. Ahnenkult, National- und Sippenethos blieben davon jedoch unangetastet. Seit dem 18. Jh. versuchten japanische Denker, den Shintoismus mit

dem inzwischen die Politik beherrschenden Konfuzianismus zu verbinden, woraufhin der Shintoismus in eine abstrakte Staatsethik umgedeutet wurde. Herrschaft und Kult wurden mit dem Kaiser als Zentrum vereinheitlicht, was zur Wiederherstellung der kaiserlichen Macht in der Meiji-Restauration (1868) führte. In der Folge wurde der Shintoismus offizieller Staatskult, die Priester zu Staatsbeamten und die Schreine zu Stätten der Verehrung des Kaisers. Die Grundlage für den japanischen Nationalismus war geschaffen. Nach dem Zweiten Weltkrieg wurde der Staats-Shinto verboten, der Kaiser entsagte öffentlich seinem Göttlichkeitsanspruch. Im Volk entstanden zahlreiche Sekten, die die Grundlage für den heutigen Shinto-Glauben bilden.

## Zen

(chinesisch: Ch'an,
von Sanskrit dhyana = Versenkung)

ist ein Meditationsweg innerhalb des Mahayana-Buddhismus, der im Jahre 526 n. Chr. von dem indischen Mönch Bodhidarma (japanisch Daruma) nach China eingeführt wurde und sich hier mit dem Daoismus verband, woraus dann der Ch'an- oder Zen-Buddhismus entstand. Im 13. Jh. kam er nach Japan. Zen betont die Vorrangigkeit der Erleuchtungserfahrung (*satori*) und die Nutzlosigkeit ritueller und religöser Übungen (*jiriki*). Die wichtigsten Techniken sind im Soto-Zen das Zazen (Meditation im Sitzen) und im Rinzai-Zen das Koan (Kommunikation). Der Übende soll mit diesen Techniken angeregt werden, einen nicht-intellektuellen Sprung ins Leere (*Ku*) zu vollführen und die Wirklichkeit und Einheit allen Seins erfahren (*satori*). Zen denkt nicht über heilige Schriften nach, wesentlich ist die Übermittlung ohne Schriften, von Person zu Person, besonders von Lehrer zu Schüler. Abgelehnt wird jede Gottsuche, vielmehr geht es um die Konzentration auf die Suche nach der eigenen Erleuchtung in der Meditation. Zen ist keine metaphysische Religion, sondern eine Lebenshaltung des aktiven Handelns. Zen lehnt jede Realitätsflucht ab und betont die praktische Wirklichkeitsbewältigung. Deswegen fand es Eingang in die Kampflehren der Samurai (*Bujutsu*) und in gewisser Weise auch in alle praktischen Philosophien wie die Teezeremonie (*chado*), das Blumenstecken(*kado*), das Bogenschießen(*kyudo*), Aikido und Karate.

# Werke

## Chandogya-Upanishaden

Upanishaden (von Sanskrit: upanishad »das Sich-in-der-Nähe-Niedersetzen« bei einem Lehrer) sind philosophisch-theologische Abhandlungen des Brahmanismus in Prosa und Versen am Ende der »Veden«(Heiliges Wissen), die Gesamtheit der in Sanskrit abgefassten religiösen Schriften der Hindus. Die ältesten, in Sanskrit-Prosa abgefassten Upanishaden sind die Brihadaranyaka-, die Chandogya- und die Taittiriya-Upanishaden. Sie sind vermutlich um 800–600 v. Chr. entstanden und enthalten die Anfänge der Spekulationen über Atman (Individualseele) und Brahma (Weltseele). Zusammen mit den mittleren und jüngeren Upanishaden ergibt sich die traditionelle Zahl von 108 Upanishaden. Sie behandeln den Ursprung der Welt, den Geburtenkreislauf (Samsara), das Wirken der Tatenvergeltung (Karma) und die Erlösung (Nirvana). Dabei werden das Leben und Sterben mit dem Kreislauf des Wassers verglichen. Weitere Spekulationen sehen im Atem die wichtigste Lebenskraft oder entwickeln aus der Lehre vom alles durchdringenden Feuer ein System, in dem die Erkenntnis der Einheit von Atman mit Brahma zur Erlösung führt.

Die Upanishaden wurden wegen der Vielfalt ihrer Lehren zu einer wesentlichen Grundlage der späteren indischen Philosophie und wirkten auch auf das Abendland, u.a. auf die Neuplatoniker, die mittelalterliche Mystik und im 19. Jh. auf Arthur Schopenhauer.

## Lüshi chunqiu
### (Frühling und Herbst des Herrn Lü)

Es soll von Gelehrten am Hofe des Lü Buwei verfasst worden sein , einem reichen Kaufmann aus Henan, dem Berater des Fürsten von Qin, der später als erster Kaiser das chinesische Reich einigte (Qin-Zeit 221–207 v. Chr.). Lü Buwei fiel später in Ungnade und entzog sich der Verbannung durch Selbstmord (235 v. Chr.). Lü Buwei versammelte an seinem Hof um die 3000 Gelehrte aller damaligen Schulen wie Daoisten, Konfuzianer, Legalisten, daoistische Magier u.a., die in seinem Palast debattierten und schrieben. So entstand das Lüshi chunqiu, ein Sammelwerk des Gesamtwissens der damaligen Zeit und eine Synthese aller Schulen. Es enthält 160 Abhandlungen über militärische, rituelle und wirtschaftliche Themen sowie über Theorien wie die der Fünf-Elemente-Lehre, dem System der Wechselbeziehungen zwischen den Elementen, Himmelsrichtungen, Planeten, Farben, inneren Organen usw.

## Yijing (I Ging)
### (Buch der Wandlungen)

Ursprünglich war das Yijing wohl ein Handbuch zur Befragung des Schafgarben-Orakels aus der Westlichen Zhou-Zeit (1100–770 v. Chr.). Von mehreren Redaktionen dieses Handbuchs ist nur die letzte, die so genannte Zhouyi (Wandlungen der Zhou-Zeit) erhalten. Das Kernstück dieses Werkes sind die 64 Hexagramme, die sich aus der Kombinationen der acht Trigramme bilden lassen und die dem mythischen Herrscher Fu Xi (trad. um 2800 v. Chr.) zugeschrieben werden. Hexagramme sind die grafischen Darstellungen von sechs übereinander liegenden durchlaufenden oder unterbrochenen Linien. Neben der praktischen Anwendung als Orakelbuch ist es auch ein bedeutendes literarisches Zeugnis. Es enthält Auslegungen und bildhafte Aussagen, die auch die Literatur späterer Zeiten beeinflusst haben. Das Yijing ist auch als das älteste Buch der Chinesen bekannt.

## Zhouli
### (Buch der Riten, Die Riten der Zhou)

Das Zhouli ist einer der dreizehn Klassiker aus dem Schriftenkanon der Konfuzianer. Entstehung oder Verfasser sind historisch unsicher. Es wurde wohl um das 3.–4. Jh. v. Chr. verfasst, zeichnet aber sehr alte Traditionen auf und widmet sich auch einer Art Utopie der idealen Verwaltung.

# Orte

## Shaolin-Kloster

Auf dem Berg Songshan im Haoshan-Gebirge in der Provinz Henan gründete eine Gruppe von Mönchen im 3. Jh. v. Chr. das Kloster Shaolin (junger Wald), als sie vor den Nachstellungen rivalisierender Fürsten Zuflucht suchte. Ab dem 2. Jh. v. Chr. übten sich die Mönche in den Kampfkünsten, um gegen die beständige Gefahr von Raubüberfällen gesichert zu sein. Dank dieser wehrfähigen Kampftruppe gewann das Kloster schnell an Einfluss und erweiterte seine Besitztümer. Im 5. Jh. war es das religiöse Zentrum im nördlichen China. Mit der Ankunft Bodhidarmas erreichte der Chan-Buddhismus eine große Anhängerzahl und das Shaolin-Kloster wurde ein Zentrum dieser Richtung. Die außergewöhnlichen Fähigkeiten der Shaolin-Mönche in der Kampfkunst wurden legendär. Bis zu 16 Stunden täglich übten sich die Mönche abwechselnd in Meditation und Kampfübungen. Ein sehr hartes psycho-physisches Training sollte die Mönche die Wechselwirkung zwischen Yin und Yang in Form von Bewegungskomplexen lehren und ihr inneres Auge für die Geheimnisse des Seins schulen. Bis ins 15. Jh. hinein hatte das Shaolin-Kloster enge Verbindungen zum Kaiserhof, gewann sehr viel an Macht und wurde das

Zentrum asiatischer Kultur. Die Blütezeit war mit der Mongolenherrschaft in der Qing-Dynastie (1644-1911) vorbei. 1928 geriet es in den Bürgerkriegen zwischen die Fronten, wurde entmachtet und endgültig zerstört. Das heutige Shaolin- Kloster in China hat mit dieser alten Tradition nichts mehr zu tun. Die Shaolin-Shows demonstrieren lediglich gute Akrobatik vermischt mit gewöhnlichen Kampfkunsttechniken. Vertreter der alten Shaolin-Kampfkünste finden sich heute in Taiwan und Hongkong, wo während der Kulturrevolution viele alte Meister Zuflucht fanden.

## Taishan

Der Berg Tai befindet sich im mittleren Teil der Halbinsel Shandong in China. Der Taishan ist einer der heiligen Berge, er gilt als beseelt und soll mit den Mächten des Himmels in Verbindung stehen. An seinem Fuß wurde der Taishan-Tempel errichtet, der bedeutendste unter den vielen daoistischen Tempeln, die sich bis zum Gipfel erstrecken.

# Zu diesem Band

In diesem Band wird für das Chinesische durchgehend die heute übliche *Pinyin*-Transkription verwendet, z. B. für die Dynastiennamen. Ausnahmen wurden bei inzwischen eingebürgerten Schreibweisen gemacht, wie Konfuzius, I Ging, Peking, Taipei. Aufgrund verschiedener Umschriftsysteme ergeben sich für bestimmte Bezeichnungen folgende Schreibvarianten (die *Pinyin*-Umschrift ist kursiv): *Dao*: Tao • *Daodejing*: Tao Te King, Taoteking • I Ging: *Yijing*, Yi Ching, Yih King • *Laozi*: Lao Tse, Laotse, Laudse • *Mengzi*: Menzius, Mong Dsi, Meng Zi, Meng-Tse, Meng Ke • *Zhuangzi*: Dschuang Dsi, Chuang-tzu, Tschuangtse, Chuang Tse • Konfuzius: *Kongzi*, Konfutse, Kongfuzi • *Mo Di*: Mo Ti, Mo Tse, Mo-tzu • Taishan: *Tai Shan*, T'aishan.

Die Schreibvarianten in Werktiteln deutsch- und englischsprachiger Schriftsteller wurden beibehalten (wie z.B. bei R. Wilhelm oder bei B. Brecht).

Im Chinesischen sind Name des Autors und Titel seines Werkes z.T. identisch: Zhuangzi sind die »Schriften des Zhuangzi« und gleichzeitig der Autor »Zhuangzi« • Dem japanischen Do entspricht das chinesische Tao oder Dao, beides heißt »Weg«, das Schriftzeichen ist gleich • Zen-Buddhismus ist die Umlautung des Japanischen, im Chinesischen ist dies der Chan-Buddhismus oder auch Ch'an-Buddhismus.

*AUTOREN DER AUFSÄTZE:* »Nichts oben, nichts unten ...« (S.10ff.) entstammt der Feder von Susanne Göße • »Die Gedanken zum Wind am Westhang« (S.30ff.) machte sich Iris Grün • An Borges' »Herrenlosen Hunden« versuchte sich Iris Grün, Susanne Göße trug den »Ehekrach« bei • »Wo bin ich?« (S.78ff.) fragte sich Martin Gruber, ebenso ist »Bauch oder Brust ...« (S.100ff.) aus seinem reichen Anekdotenschatz • »Bewegung ist Leben« (S.120ff.) wurde inspiriert von A. Noquet, Jochen Grün und Martin Gruber (S.124ff.) haben eigene Erfahrungen ergänzt • »Von der Pflege...« (S.144ff.) schreiben Iris und Jochen Grün • In »Alles ist da...« (S.168ff.) finden sich Kindheitserinnerungen von Susanne Göße • »Jeder Tag ist ein ganzes Leben« (S.192ff.) stellte Iris Grün zusammen, auch das Nachwort (S.214f.) hat sie verfasst.

*AUTOREN DER SPRÜCHE IN DEN AUFSÄTZEN:* S.36 Asiatische Weisheit • S.40 ZEN-Weisheit • S.42 Chinesische Weisheit • S.62 Chinesische Weisheit • S.85 Ch'in-chang Ching • S.102 Padmasambhawa • S.105 Laozi • S.125 Chinesische Weisheit • S.126 I Ging • S.128 Chinesische Weisheit • S.148 Chinesische Weisheit • S.152 Ninomiya Sontoku • S. 171 Konfuzius • S.175 aus Japan • S.176 Chhandogya Upanishad • Überschrift S. 192 Watanabe Sensei • S.195 Zen-Weisheit.

## Bildnachweis

Alle Fotografien © Jochen Grün. S.27 *Weidenbäume*, Schiebetür von Kano Eitoku © Sambo-in, Daigo-ji, Kyoto • S.34 *Berge und Kiefern im Frühling*, von Mi Fei © National Palace Museum, Taipei • S.55 Ausschnitt aus *Matsuura Byobu*, Stellschirm von Matabei aus dem Hause Iwasa © Yamato Bunkakan, Nara-Shi • S.75 Ausschnitt aus *Leben auf dem Fluss*, von Dai Qin © Freer Gallery of Art, Washington, D.C. • S.97 *Die Schauspieler Nakamura Konozo und Nakajima Wadaemon in einer Aufführung*, von Toshusai Sharaku © British Museum, London • S.117 *Die große Woge*, von Katsushika Hokusai © Victoria and Albert Museum, London • S.123 *Drei tanzende Samurai*, von Iwasa Katsushige © Bibliothek für Kunst und Kunstgewerbe, Berlin • S.141 Ausschnitt aus *Tausend Meilen den Jangtse entlang*, von Wang Hui © Slg. H. C. Weng, New York • S. 165 *Sonnenuntergang in Seta*, von Ichiyusai Hiroshige © British Museum, London • S. 170 *Landschaft*, von Wang Yuanqi © Museum of Art, Cleveland• S. 189 *Zwei Mädchen auf einer Veranda*, von Suzuki Harunobu © Slg. H. C. Bechtler • S.211 *Der Dichter und zwei Kurtisanen*, von Tang Yin © National Palace Museum, Taipei. Alle asiatischen Schriftzeichen hat Susanne Göße geschrieben.

# Verwendete Literatur

Der Text zum »Wind am Westhang« (S. 36–39) stammt aus einer chinesischen Schrift des Autors Ye Xie von 1686. Unsere deutsche Übertragung richtet sich nach der englischen Übersetzung von Stephen Owen in: *Readings in Chinese literary thought*, Cambridge (Mass.) und London 1992. • Der Text zur chin. Enzyklopädie (S. 60f.) ist von Jorge Luis Borges: *Das Eine und die Vielen. Essays zur Literatur*, München 1966. • Der Text zur Klinge des Meisters Masamune (S. 120f.) ist aus André Nocquet: *Der Weg des AIKI-DO*, Berlin 1977. • Die Lektion des Platzregens (S. 145f.) ist von Tsunetomo Yamamoto: *Hagakure, Der Weg des Samurai*, hrsg. und übers. von Guido Keller, München 2003. • Der Text zum Koch des Fürsten Wen Hui (S. 148–150) stammt aus Zhuang Zi (Dschuang Dsi): *Das wahre Buch vom südlichen Blütenland*, übers. v. Richard Wilhelm, München 2004. • Der Text von Meister Rinzai (S. 194) ist von Judith Blackstone u.a.: *Zen für Anfänger*, Hamburg 1987.

AUSSERDEM: *Der Ruf der Phönixflöte. Klassische chinesische Prosa*, hrsg. und übers. v. Ernst Schwarz, Berlin (DDR) 1973. • Dunn Mascetti, Manuela (Hrsg.): *Zen-Weisheit*, a.d. Englischen von Elisabeth Liebl, München 2004. • Feifel, Eugen: *Geschichte der chinesischen Literatur*, Hildesheim 1982. • Granet, Marcel: *Das chinesische Denken. Inhalt, Form, Charakter,* übers. v. Manfred Porkert, Frankfurt/M. 1993. • Gernet, Jacques: *Die chinesische Welt. Die Geschichte Chinas von den Anfängen bis zur Jetztzeit*, Frankfurt/M. 1979. • Konfuzius (Kungfutse): *Gespräche. Lun Yü*, übers. v. Richard Wilhelm, München 1990. • Laozi (Laotse): *Tao Te King (Dao-dejing)*. Nach den Seidentexten von Mawangdui, hrsg. v. Hans-Georg Möller, Frankfurt/M. 1995. • Lind, Werner: *Das Lexikon der Kampfkünste*, Berlin 2001. • Mo Ti: *Von der Liebe des Himmels zu den Menschen*, hrsg. und übers. v. Helwig Schmidt-Glintzer, München 1992. • *Ostasiatische Literaturen*, hrsg. v. Günther Debon (Neues Handbuch der Literaturwissenschaft, Bd. 23), Wiesbaden 1984. • Rinpoche, Sogyal: *The Tibetan Book of Living and Dying*, hrsg. v. Patrick Gaffney und Andrew Harvey, London 1992. • Schmidt-Glintzer, Helwig: *Geschichte der chinesischen Literatur. Die 3000jährige Entwicklung der poetischen, erzählenden und philosophisch-religiösen Literatur Chinas von den Anfängen bis zur Gegenwart*, Bern, München und Wien 1990. • Shimano, Eido Tai / Tani, Kogetsu: *Zen-Wort, Zen-Schrift*, Berlin 1999. • *Upanishaden. Die Geheimlehre der Inder*, übers. und eingeleitet von Alfred Hillebrandt, Köln 1986. • Watts, Allen: *Der Lauf des Wassers. Eine Einführung in den Taoismus*, Frankfurt/M. 1983.

# Zu den Experten

Die vorliegende Auswahl von Aufsätzen, Essays und der Anhang entstand in Zusammenarbeit mit Susanne Göße, 43, Autorin, und ihrem Mann Martin Gruber, 47, Regisseur. Susanne Göße studierte Sinologie in Tübingen und Taipei (Taiwan), lebte und arbeitete in Peking und Hongkong. Sie liebt die Literatur, Philosophie und Lebensweise Chinas. Sie übersetzt zeitgenössische chinesische Lyrik und schreibt und inszeniert Theaterstücke. Martin Gruber lernt seit seinem 12. Lebensjahr asiatische Kampfkünste. Er hat den 5. Dan in Aikido und unterrichtet auch Hojo und Iaido in seinem Dojo in Berlin. Seit vielen Jahren ist er Schüler von Nobuyuki Watanabe. Er setzt sich intensiv mit japanischer Kultur und Ästhetik auseinander, lernt, arbeitet und unterrichtet immer wieder in Japan und China. Zuletzt arbeiteten beide gemeinsam an Stücken, die sich auch mit asiatischen Einflüssen auseinandersetzen: »Beijing lan – Peking ist blau« in Peking und die Straßenoper »Dialoge über die Liebe« in Vietnam (2004).

Martin Gruber und Susanne Göße leben mit ihrer Tochter in Berlin und auf ihrem Hof Birach in der Nähe von München.

# Zu den Autoren

Iris Grün, 39, Grafik-Designerin, und Jochen Grün, 59, Fotograf, entwerfen seit zwölf Jahren gemeinsam in ihrer Agentur »Greenstuff« Buchkonzepte und -cover mit emotionaler Typografie und lebendiger Farbgestaltung für viele Verlage. Seit Beginn der digitalen Fotogafie setzen sie ihre Bildmotive konsequent am Computer um (*www.greenstuff.de*).
Jochen Grün vertiefte seine Kenntnisse der japanischen Lebensweise auf zahlreichen Reisen nach Asien und übte über Jahre hinweg in vielen verschiedenen Dojos Aikido. Daher beschäftigen sich die Grüns intensiv mit philosophischen Themen und asiatischen Denkweisen – genauso wie ihnen die Lust am Leben, das Kochen und das Genießen wichtig ist. Als Autoren und Gestalter stammen von ihnen u.a. »Am Tisch mit Don Camillo und Peppone« (2004) und die Geschenkbuchreihe »Das schenk ich dir...« (2005). Iris und Jochen Grün leben mit ihren beiden Töchtern in München.

步